알파세대가 온다

알파세대가 온다

미래 소비 트렌드의 주인공,
잘파세대를 주목하라

노준영 지음

천그루숲

'이제는 α와 Z의 시대다!'

결론부터 말하고 시작하려 한다. 시간을 거슬러 올라가 베이비부머세대, X세대, 밀레니얼세대를 거치며 끊임없이 세대 간의 담론이 이어져왔다. 그리고 이제 Z세대와 알파세대로 이어지며, 또 다른 세대 담론이 펼쳐지고 있다.

MZ세대도 제대로 이해하지 못하고 있는데, 잘파세대까지 알아야 하는 상황이 된 것이다. 하지만 이제는 미래의 소비를 주도할 잘파세대, 즉 Z세대와 알파세대에 관심을 가져야 한다. Z세대는 1990년대 중반부터 2009년까지, 알파세대는 2010년 이후에 태어난 세대를 말한다. 이들은 뉴미디어를 자유자재로 다루며 다양한 정보를 획득한다. 얕지만 폭넓은 지식을 가지는 한편, 자신의 관심사라면 전문가 뺨치는 감각을 드러낸다. 게다가 자신을 위해 시간을 사는 현명함도 가지고 있다. 특히 알파세대는 참 신기한 세대다. 디지털 키드로 성장했지만 비인간적인 면모가 없고, 풍족하게 자라났지만 플렉스 성향이 쉽게 발휘되지 않는다. 여러모로 합리적인 요소를 두루 갖추고 있고, 기존 세대보다 다양한 특징을 드러내는 세대이다.

이렇게 다양한 스펙트럼을 가진 알파세대와 Z세대를 이해하는 것은 상당히 어렵지만 필수적인 일이기도 하다. 그럼 알파세대와 Z세대를 이해하려면 어떻게 해야 할까? 먼저 이들을 이해해야 하는 이유를 본질적인 측면에서 살펴보고, 이들이 돈과 마케팅, 그리고 놀이와 시간을 바라보는 방식을 읽어야 한다. 알파세대와 Z세대의 '관심사'와 '선택적 집중력'을 살펴보면 트렌드를 넘어 비즈니스의 장기적 운영을 위한 '통찰'을 얻으리라 확신한다.

알파세대와 Z세대는 기존 세대들보다 개별적인 성향이 굉장히 강하다. 흔히 '대세'라고 말하는 부분을 따라가기도 하지만, 각자 원하는 것을 추구하기도 한다. 그래서 단순한 시각으로 이들을 바라본다면 비즈니스와 마케팅에 실질적인 도움이 되지 않는다. 이들을 제대로 이해하고 분석해야 지금의 비즈니스와 트렌드에 유용한 '진짜 지식'을 얻을 수 있다.

  이 책은 알파세대와 Z세대에 대한 다양한 사례를 통해 우리 각자가 처한 상황을 이해하고 해결하는 데 도움을 줄 것이다. 우선 알파세대 자녀를 이해하지 못해 쩔쩔매고 있는 밀레니얼세대 부모에게 현실적인 해답을 줄 것이다. 또 기업에서 소비의 중심축을 제대로 파악해 비즈니스를 선도하고자 하는 실무자에게는 창의적인 아이디어를 제공할 것이다. 조직을 관리하는 경영진에게는 미래의 조직 구성원들을 이해하는 기회가 될 것이며, 현 시점의 다양한 전략을 구상하는 데에도 유용한 인사이트를 제공할 것이다. 아울러 현재의 소비 중심 세대를 이해하고 이들과 함께 미래를 대비하고 싶은 모두에게 좋은 지침서가 되리라 생각한다.

  물론 이 책이 알파세대와 Z세대에 대한 모든 이야기를 다룰 수는 없다. 다만 이들이 세상을 바라보는 시선을 면밀히 이해하려고 노력했다. 알파세대와 Z세대의 시대에 비즈니스와 트렌드를 선도할 통찰력을 얻기를 진심으로 기원한다.

노준영

차례 —————————————————————————————

Part 1
알파세대는 도대체 누구인가?

Part 2
관심사 중심의 시대, 각자의 이야기를 말하다

Part 3
선택적 집중력, 관심의 최대치

Part 4

알파세대가 '돈'을 바라보는 방식

Part 5

알파세대가 '놀이'를 바라보는 방식

Part 6
알파세대가 '마케팅'을 바라보는 방식

Part 7
알파세대가 '시간'을 바라보는 방식

2010년생, 알파세대의 하루

오늘은 엄마와 아빠가 일찍 출근하는 날이다. 아침 일찍 깨워줬는데, 그만 또 잠이 들고 말았다. 오늘따라 집에서 편하게 재택수업을 하던 때가 그리워진다. 스마트폰을 보니 카카오뱅크 앱에서 급식 메뉴 알림이 떴다. 오늘 급식은 내가 제일 좋아하는 '카레'가 나온다고 한다. 게다가 엄마가 출근하며 이번 주 용돈을 입금해 줬다. 괜스레 기분이 좋아졌다. 인스타그램에 들어가 간밤에 친구들이 올린 게시물과 DM을 확인했다. 디스코드 커뮤니티에도 친구들의 수다가 잔뜩 쌓여 있다. 시시콜콜한 이야기이지만 광고를 보는 것보다 훨씬 재미있다.

내가 태어난 2010년에 인스타그램이 생겼다는 엄마의 얘기가 기억났다. 1:1 맞춤 과외를 하기 위해 사용하는 아이패드도 내가 태어난 해에 출시되었다고 한다. 도대체 2010년에는 무슨 일이 그렇게 많았을까? 하지만 내 관심사 밖의 일이니 크게 신경 쓸 일은 아니다. 아이패드가 언제 나왔는지, 사람들이 언제부터 인스타그램을 했는지 나에게 뭐가 그리 중요하겠는가. 인스타그램에 올릴 만한 것이나 요즘 핫한 챌린지를 찾는 게 나에겐 훨씬 더 중요한 일이다.

이제는 더 이상 꾸물거릴 시간이 없다. 학교에 가야 한다. 늦었으니 걸어갈 수는 없고, 공유 모빌리티 앱을 켜고 자전거를 빌렸다. 이 달 초 할인 쿠폰을 받아 구독 서비스를 미리 결제해 뒀다. 점심시간에 친구들과 수업이 끝나면 어디에 갈지 이야기를 나누다 다이소에 신상이 들어왔다고 해서 함께 가기로 했다.

다이소에 평소 관심 있었던 캐릭터 상품과 요즘 핫한 스마트폰 액세서리가 새로 들어와 과감히 구입했다. 용돈도 들어온 김에 친구들과 인생네컷에 들러 간만에 사진을 찍었다. 꼭 나한테만 이상한 가발을 쓰라고 하는데 싫지는 않다. 내가 더 튀어 보이니 말이다. 친구들과 찍은 사진으로 동영상을 만들어 틱톡에 올렸다. 친구들과 헤어져 집으로 가는 길에 편의점에 들러 요즘 가장 유행하는 약과 쿠키를 샀다. 보통의 쿠키와는 다른 맛인데, 핫하다니 인증하지 않을 수 없다. 계산 후 간단히 사진을 찍어 해시태그와 함께 인스타그램에 업로드했다.

집에 돌아와 아이패드로 과외 사이트에 접속했다. 열 살 때부터 시작한 원격과외인데, 처음에는 어색했지만 지금은 익숙해졌다. 아이패드 화면에 나타난 선생님의 피드백에 맞춰 문제를 풀고 수준별 학습을 진행했다. 과외가 끝난 후 디스코드 커뮤니티에 들어가니 평소 관심 있었던 게임기가 번개장터에 올라왔다는 글이 보였다. 서둘러 링크를 따라가 보니 아직 안 팔렸다. 빠르게 결제하고 내 손에 넣었다. 가격은 조금 비싸지만 그래도 괜찮다. 평소에 가지고 싶었던 게임기이니 이 정도는 부담할 수 있다. 하지만 당분간 편의점에서 사 먹는 간식은 줄여야겠다.

이제는 학교 과제를 해야 한다. 오늘의 과제는 역사 조사인데, 구글 로그인을 한 후 챗GPT에 들어갔다. 챗GPT에게 물으니 몇 가지 답을 주었다. 이 중 과제에 맞는 부분만 옮겨 적었다. 과제도 끝났으니 내가 좋아하는 제품들의 리뷰를 보기 위해 유튜브로 향한다. 꼭 사고 싶었던 운동화 리뷰가 새로 올라왔다. 영상을 보며 돈을 모아야겠다고 생각했다. 다음 달 추석에 할머니와 삼촌이 용돈을 주겠지. 그 돈으로 사면 될 것 같다.

오늘은 이것저것 많은 일을 한 것 같다. 일찍 자야겠다. 유튜브 뮤직이 추천해 주는 음악을 들으며 잠을 청한다.

알파세대의 대표적인 특성들을 가지고 재구성해 본 이야기다. 알파세대와 더불어 Z세대는 조금 과장하면 '신인류'에 가까울 정도로 새로운 생각, 새로운 개념, 그리고 새로운 가치를 가지고 있다. 특히 알파세대는 더욱 그렇다.

먼 미래의 일이 아니다. 전무후무한 특성을 가진 알파세대는 이미 소비 트렌드의 주역으로 우리 곁에 다가와 있다. 우리의 과제는 하나다. 이들 신인류를 어떻게 이해할 것인가? 지금부터 그 이야기를 시작해 보자.

ALPHA GENERATION

Part
1

알파세대는
도대체 누구인가?

알파세대의 범위, Z세대와 차이

알파세대는 매우 논쟁적인 키워드다. 명확하게 이해하기 쉽지 않기 때문이다. 알파세대의 부모인 밀레니얼세대도 농담처럼 '나도 내 아이를 잘 모르겠다'고 말한다. 그만큼 다양한 특징을 가지고 있다.

우선 알파세대의 범위부터 살펴보자. 보통 2010년부터 2024년까지 태어난 이들을 지칭한다. Z세대의 범위가 넓어졌듯이 2024년 이후에 태어난 세대까지 포함될 수도 있다. 그러니 새로운 세대가 등장하기 전까지는 2010년 이후에 태어난 세대로 정의해도 좋을 것이다.

알파세대 이후의 세대에게는 또 다른 세상이 펼쳐질 것이다. 하지만 알파세대와 완전히 다른 환경은 아닐 것이다. 좀 더 발전된 IT 환경에서 좀 더 강한 개인주의 경향을 보일 가능성이 높다. 새로운 기술을 다루는 능력이 뛰어나고, 그것을 바탕으로 소비해 나갈 것이다. 따라서 알파세대를 정확히 이해하면 이후에 등장할 세대의 특성도 어느 정도 예상할 수 있다. 알파세대의 심화 버전일 테니 말이다.

어떤 사람은 1990년대 중반부터 2000년대 후반에 태어난 Z세대와 알파세대를 같은 선상에 두기도 한다. 하지만 Z세대와 알파세대는 다른 점이 많다. 대표적인 차이점은 크게 3가지로 나누어 볼 수 있다.

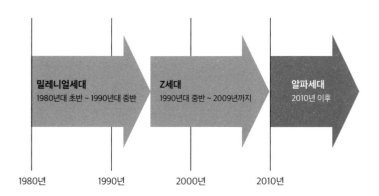

| 밀레니얼세대 | Z세대 | 알파세대 |
| 1980년대 초반 ~ 1990년대 중반 | 1990년대 중반 ~ 2009년까지 | 2010년 이후 |

1980년 　　　1990년 　　　2000년 　　　2010년

팬데믹을 겪으며 성장한 세대 ──────── ◇

첫 번째는 성장기의 팬데믹 유무다. 팬데믹 시대에 우리는 완전히 새로운 기준을 의미하는 '뉴노멀'(시대의 변화로 새롭게 떠오른 기준)을 경험했다. 기존에 익숙했던 것들이 사라지고, 익숙하지 않은 것들을 친숙하게 받아들여야 했다. 상호작용의 기준도 변했으며, 사회적 가치를 바라보는 시선도 달라졌다.

알파세대는 팬데믹의 한가운데서 성장했다. 감기 증상이 있거나 미세먼지가 심할 때만 썼던 마스크를 항상 쓰고 있어야 했다. 선생님 그리고 친구들과 직접 만나 상호작용을 벌이던 교실이 가상공간으로 옮겨졌고, 집의 용도도 다양해졌다.

반면 Z세대는 성장하는 시기에 팬데믹을 경험하지는 않았다. 사회에 진출하고 나서 팬데믹을 만났다. 따라서 한창 성장기에 팬데믹을 경험한 알파세대와는 차이가 있다. 알파세대는 가치관이 완전히 형성되기도 전에 팬데믹으로 인해 새로운 가치관을 받아들여야 했다. 가치관이 흔들릴 수 있다는 뜻이다. 하지만 긍정적으로 바라본다면 성장 시점에 다양한 가치관을 경험하면서 새로운 세상에 빠르게 대처할 수 있다. 어쩌면 Z세대보다 알파세대는 훨씬 더 '카멜레온' 같은 강점을 가지고 있다.

Z세대, 디지털과 아날로그의 혼재 ─────── ◇

두 번째는 모바일의 존재감 유무다. 결론부터 말하자면 Z세대는 모바일과 아날로그의 중간 지점에 서 있다. 하지만 알파세대는 경우에 따라 모바일만 존재한다. 스마트폰, 태블릿 등이 열어젖힌 새로운 세상이다. Z세대 역시 스마트폰과 태블릿에 친숙한 '디지털 네이티브'로 불린다. 하지만 완벽하게 모바일 세상에서만 사는 세대는 아니다. 적절한 범위 내에서 아날로그를 즐기고 활용한다.

단적인 예로 Z세대는 PC게임에 익숙한 세대이지만, 알파세대는 모바일 게임에 더 친숙한 세대다. 물론 알파세대가 PC게임을 아예 하지 않는 것은 아니고, Z세대도 모바일 게임을 즐긴다. 다만 친숙함의 정도가 조금 다르다. 소위 말하는 콘솔 게임도 Z세대가 알파세대보다 조금 더 익숙하다. Z세대도 모바일 지향형이지만 그들이 접하는 매체나 미디어를 이해할 때는 좀 더 세밀한 접근이 필요하다.

이런 사실을 입증하는 흥미로운 통계가 하나 있다. 턴테이블에 올려 음악을 재생하는 LP를 생각해 보자. MP3 이전에 CD로 완전히 대체되었던 LP가 갑자기 다시 인기를 얻기 시작해 마니아들이 생겨나고 있다. 심지어 LP 공장이 다시 생겨나고 가수들의

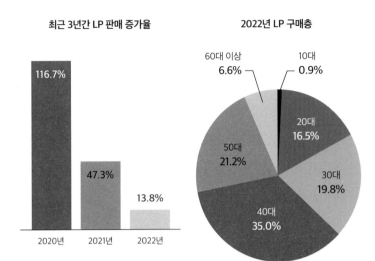

최근 3년간 LP 판매 증가율	2022년 LP 구매층

출처 : 예스24

LP 출시도 이어지는 현상이 나타났다.

　LP는 전용 플레이어인 턴테이블이 있어야 재생할 수 있다. 하지만 미국 시장의 음반 판매 데이터를 보면, LP를 구입한 대부분의 10대는 LP가 뭔지도 모르고 있었다. 심지어 50% 정도는 LP를 재생하기 위한 턴테이블도 가지고 있지 않았다. 그렇다면 도대체 왜 LP를 사는 걸까?

　10대는 LP가 가진 아날로그 감성을 모른다. 이미 디지털 음원 시대가 열린 이후에 출생했기 때문이다. 알파세대는 LP를 장식품 혹은 좋아하는 가수의 굿즈(기념품) 정도로 인식한다. LP를 들으려고 사는 것이 아니라 단순히 관심사를 반영하기 위해 구입한다.

Z세대는 모바일과 아날로그가 혼재하는 세대다. 그래서 굿즈로 구입하는 경우도 있으나, 정말 음악을 듣기 위해 구입하기도 한다. LP의 아날로그 감성을 아는 비율도 꽤 높다. 하지만 알파세대는 대부분 아날로그를 알지도 못할뿐더러 심지어 LP가 존재하는 시대에 태어나지도 않았다. 그러니 LP의 개념을 기존과 다른 관점으로 새롭게 인식하고 있다.

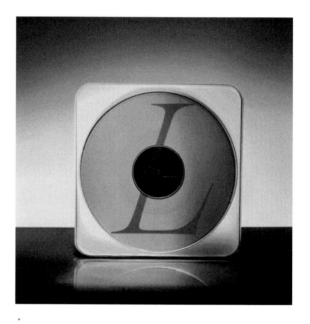

알파세대는 좋아하는 가수의 LP를 장식용 기념품으로 소비한다.
(블랙핑크 멤버 '리사'의 LP / 출처 : YG엔터테인먼트)

모바일 세상에서만 살아온 알파세대는 기존 Z세대와는 소비 대상 자체를 다르게 인식한다. 알파세대는 Z세대에 비해 모바일의 존재감이 매우 높기 때문에 소비의 개념이 다를 수밖에 없다. '가상공간'에 대한 인식도 마찬가지다. 가상공간과 현실을 이어주는 메타버스는 웹3.0 시대를 상징하는 개념 중 하나인데, 알파세대는 현실세계의 경험보다 메타버스를 비롯한 가상세계의 경험을 더 즐거워한다. 스마트폰이나 태블릿을 활용해 가상세계에 자유자재로 진입한다.

디지털 네이티브인 Z세대도 접속에 어려움을 느끼지는 않지만, 현실과 동등한 개념으로 받아들이지 않는다. 모바일과 아날로그의 중간 지점에 있다 보니 최대치로 활용하는 데에는 어려움을 느낀다.

사고 중심의 차이 ─────────✧

세 번째는 사고 중심의 차이다. Z세대는 자신이 추구하는 가치에 대해 '나'와 '공동체' 사이에서 균형을 찾으려는 경향이 있다. 하지만 알파세대는 균형보다 '나'를 더 생각한다. 사고의 중심이 완전히 자신을 향해 있다. 이것은 부정적인 의미가 아니다. 이기적인 것이 아니라 가치의 중심이 자신에게 있다는 뜻이다. 따라서 자신을 위한 행동, 자신을 위한 소비 등 개인주의 성향이 Z세대보다 더 강하다. Z세대도 이런 성향이 강하지만 알파세대가 더 심화되었다고 볼 수 있다. 알파세대와 Z세대가 무조건 이기적이라는 시선으로 바라봐서는 안 되는 이유다.

밀레니얼세대까지 포괄하는 개념인 'MZ'라는 단어가 왠지 불편한 것도 이런 부정적인 시각 때문이다. '역시 MZ야'라는 말이 긍정적 의미보다 이기적이라는 부정적 뉘앙스로 사용되는 경우가 많다. 몇몇 사례에서 나타난 부정적 이슈들을 너무 확대해석한 나머지 대부분의 MZ세대와 알파세대를 자기만 아는 개념 없는 세대로 묘사하고 있다. 하지만 이러한 접근 자체는 잘못된 것이다.

Z세대와 알파세대는 개인주의 성향이 강하지만 자기만 생각하지는 않는다. 남한테 피해를 주는 것도 딱히 좋아하지 않는다. 자신만의 스타일과 자신만의 세계를 추구하기 위해 자기중심적인 판단기준을 세울 뿐이다. 타인에게 피해를 주지 않는 선에서 '나'를 꿈꾸는 것이다. 타인에게 민폐가 되는 순간, '나'라는 판단기준은 사회적 의미와 가치가 없다고 생각한다. 일부 확대해석한 Z세대와 알파세대의 개인주의 성향은 '웃음'을 유발하기 위한 정도로만 이해하면 된다.

사람들이 모여 있는 커뮤니티를 예로 들어 알파세대와 Z세대의 개인주의 성향을 비교해 보자. Z세대에게 커뮤니티란 '수다'의 공간이다. 자신과 비슷한 관심사를 가진 사람들이 모인 커뮤니티에서 사회적 관계를 넓히거나 대화를 나누면서 스트레스를 푼다. 때로는 커뮤니티의 주제와 상관없는 이야기들을 주고받기도 한다. 자신들의 일상이나 시시콜콜한 소비 이야기 혹은 고민 같은 것들이다. 이런 이야기들을 나누며 가까워진다고 느끼고, 커뮤니티는 다양한 이야기 속에서 발전한다.

알파세대의 커뮤니티는 조금 다르다. 철저히 자신들의 관심, 즉 커뮤니티의 목적에 집중한다. 커뮤니티의 주제와 상관없는 이야기에는 특별한 반응을 보이지 않는다. 그야말로 눈팅만 하고 넘긴다. 최소한 커뮤니티의 주제와 연관된 이야기들이 나와야 적절히 반응한다.

영화 커뮤니티라고 한다면, 영화를 본 이야기를 해야 반응을 보인다. 영화 관련 물품을 구매했거나 영화제에 방문한 이야기도 좋다. 하지만 전혀 관련 없는 일상의 이야기에는 별다른 관심을 두지 않는다. 자신이 커뮤니티에 들어온 목적 자체가 영화라는 공통된 관심사를 나누기 위해서이기 때문이다. 이처럼 알파세대는 상호작용을 하며 인간관계를 넓혀가더라도 커뮤니티에 들어온 목적 자체를 놓치지 않는다.

Z세대는 적당히 중간선을 찾아서 소통하지만, 알파세대는 목적에 더 주목한다. 물론 타협이 전혀 안 된다는 것은 아니다. 다만 알파세대가 Z세대보다 스스로에게 좀 더 집중한다는 뜻으로 받아들이면 된다.

이렇듯 Z세대와 알파세대 사이에는 약간의 차이가 존재한다. 하지만 우리가 흔히 말하는 '새로운 세대'의 특성을 가지고 있다는 점에서는 비슷하다. 알파세대는 Z세대의 특성에 시대가 요구하는 새로운 기준이 더해졌다고 보면 된다. 뉴노멀을 조금 더 적극적으로 받아들이는 세대이다.

조금 더 본질적인 질문을 던져보자. 알파세대는 왜 알파일까? 결론부터 말하면 '알파(α)'라는 단어가 함축하는 의미 때문이다. Z세대가 한 시대를 넘기면서 새로운 세대를 지칭하는 용어가 필요했다.

상당히 새로운 특성을 가지고 있는 세대가 등장한 것이다. 이들이 적극적으로 사용하는 미디어도 기존 세대와 상당한 차이가 있다. 그래서 호주의 사회학자 마크 매크린들은 그야말로 '새로운 시작'이라는 의미를 담아 그리스 알파벳의 첫 글자인 '알파(α)'를 사용했다. 새로운 세대가 등장할 때마다 새로운 면이 없었던 것은 아니지만 그 의미를 좀 더 강조하기 위한 것이다. 또 그만큼 우리를 둘러싸고 있는 환경이 변했기 때문이다.

가상세계의 등장, VR과 MR ━━━━━━◇

먼저 가상세계의 등장을 생각해 봐야 한다. 우리는 이미 VR(가상현실)을 경험해 봤다. 한때 VR 게임 체험장이 많은 사람들의 이목을 끌었다. 하지만 어느새 인기가 시들하더니 신기루처럼 사라졌다.

그렇게 끝나는 것 같았는데, 기술의 진보는 새로운 개념을 가지고 왔다. 바로 메타버스와 MR(Mixed Reality, 혼합현실)이다. 메타버스와 VR의 가장 큰 차이는 현실과 연결성의 여부다. VR은 가상공간에 나를 맞춰야 한다. 전반적인 틀이 정해져 있고, 사람들은 틀에 맞춰 움직인다는 느낌이 강하다. 하지만 메타버스 공간에서 행동했던 것들은 현실에 영향을 미친다. 현실의 학업이나 업무에 필요한 교육을 메타버스 내에서 진행할 수 있다.

MR은 현실과 가상공간을 적절히 융합해 몰입도 높은 경험을 만들어 낸다. 사용자는 현실공간에 있으면서 가상공간에 각종 콘텐츠와 프로그램들을 띄운다. 굳이 가상공간에 들어가지 않아도,

누구나 몰입형 다중 사용자 플랫폼 간 혼합현실을 즐길 수 있는 MS의 홀로렌즈용 메쉬(Mesh) 앱
(출처 : 마이크로소프트)

현실에서 가상공간을 연출할 수 있다. 공상과학 영화에서 가상현실 프로그램을 실행한 것과 가장 가까운 모습이다.

메타버스와 MR은 모두 현실과 연결되는 새로운 플랫폼이다. 가상공간에 들어가 짧은 시간 동안 게임이나 놀이를 즐기는 정도에 머물렀던 사람들은 메타버스와 MR을 통해 현실세계에서 가상공간을 경험한다. 이 환경의 중심에 있는 것이 바로 알파세대이다.

가상공간의 프론티어 ───────◇

　알파세대는 가상공간에 대한 인지도가 뛰어나다. 가상공간 내에서 현실과 똑같은 몰입감을 느끼며, 가상공간의 프로젝트에 잘 어우러진다. 가상공간에 대해 이 정도로 깊은 이해도를 보인 세대는 알파세대가 처음이다. 가상공간에 대한 이해가 중요한 이유는 마케팅이나 비즈니스의 판도를 바꿀 수 있기 때문이다.

　기업과 브랜드가 가상현실을 비롯한 메타버스에 관심을 가지는 이유는 알파세대, 그리고 Z세대까지 참여하는 새로운 비즈니스 환경을 미리 선점하기 위해서이다. 현실을 넘어 가상공간에서

가상현실 속에서 다양한 소통을 벌이고 있는 **르노코리아** (출처 : 르노코리아)

도 브랜드의 존재를 인식시키고 미래의 소비 주인공들에게 긍정적인 메시지를 전해야 한다. 당장은 알파세대의 소비와 접점이 없을 것처럼 보이는 브랜드들도 가상공간에 뛰어들어 다양한 마케팅과 브랜딩을 전개하고 있다. 현재는 물론 미래까지 내다본 선택이다.

나심비와 가치, 소비기준 자체가 달라진 알파세대 ─────◇

우리는 보통 소비를 할 때 가격을 먼저 생각한다. 내가 생각한 예산과 일치하는지, 나의 경제 수준으로 감당할 수 있는 가격인지를 말이다. 이것이 흔히 말하는 '가성비'다. 이렇게 단순명료했던 소비기준이 점점 복잡해지고 있다. 그 시작점이 바로 알파세대이다.

일단 가격과 성능은 여전히 중요한 소비기준이다. 하지만 알파세대는 여기에 다양한 기준을 추가한다. 예를 들어 '나심비'가 있다. 나를 위한 소비를 통해 얼마나 심리적 만족감을 얻을 수 있는지를 따지는 것이다. 무조건 비싼 것을 추구하는 게 아니다. 각자 소비하려는 재화와 서비스에 기대하는 가격대가 있다.

예를 들어 좋아하는 애니메이션이 그려진 학용품을 사려고 한다. 학용품은 보통 피규어나 한정판 굿즈보다 가치가 조금은 떨어진다. 또 편하게 사용하는 소모품이기 때문에 낮은 가격을 찾는다. 그러다 마침 문구점에서 세일을 하고 있다면 나심비가 매우 크다고 느낀다. 관심 있던 제품을 상당히 싼 가격에 구매할 수 있으니 말이다.

반대로 한정판 제품은 애초에 싸게 살 수 있을 것이라는 기대를 하지 않는다. 따라서 예산에 맞기만 하면 비싸도 구매할 가능성이 높다. 기대한 만큼 싸게 사지 못했다 해도 관심 있는 분야의 한정판을 구매했으니 충분히 나심비가 높은 것이다.

가치를 덕질하는 덕후

나심비의 개념에서 볼 때 '가격'은 크게 중요하지 않다. 가격은 저렴할 수도 있고, 비쌀 수도 있다. 단지 각자의 생각과 기대감에 따라 달라지는 만족도를 고려할 뿐이다. 이처럼 알파세대는 상품과 서비스를 구매하는 데 있어서 심리적 만족을 중요한 기준으로 삼는다.

심지어 보이지 않는 기준들도 영향을 준다. 일명 '가치'라는 것들이다. 단순히 관심 분야에 대한 애정일 수도 있고, 좀 더 복잡하게는 가치관이나 선호도일 수도 있다.

가치관은 생각이다. 예를 들어 반려동물을 키운다면 동물복지를 실천하는 기업의 제품을 구매할 가능성이 높다. 실제로 알파세대는 이런 소비를 실천하며 뿌듯함을 느낀다.

선호도도 영향을 준다. 소위 말하는 '덕후' 기질을 드러내는 것이다. 같은 제품을 판매하는 A와 B라는 브랜드가 있다. 자신이 B라는 브랜드를 선호한다면 해당 제품을 끊임없이 소비하는 덕후가 된다. 알파세대는 실제로 이런 성향이 매우 강하다. 중대한 이슈로 인해 실망하는 일이 발생하지 않는 한 선호도가 높은 브랜드의 제품을 계속 소비한다. Z세대도 이런 경향이 강하지만, 알파세대가 획득하는 '정보'의 수준은 Z세대보다 더 방대한 편이다. 따라서 이런 정보에 따라 알파세대가 더 높은 충성도를 보인다.

부모에게 영향력을 행사하는 세대 ⸺⸺⸺◇

또 다른 한 가지는 부모의 영향력이다. 알파세대의 부모는 밀레니얼세대인 경우가 많다. 그래서 알파세대를 '미니 밀레니얼'이라고 지칭하기도 한다. 하지만 이것은 시작부터 잘못된 이야기다. 알파세대는 밀레니얼세대와 완전히 다르기 때문이다. 특히 부모의 영향력 면에서는 더욱 그렇다.

나는 어릴 때 어머니가 내 옷을 사다 주셨다. 어머니는 나에게 잘 어울린다고 생각하는 옷을 골라 왔겠지만 내 취향은 아니었다. 하지만 옷이 마음에 들지 않는다고 말하지 않았다. '어머니의 생각'이 옳다고 믿었기 때문이다.

알파세대는 어떨까? 물론 여전히 부모가 자녀의 옷을 사다 준다. 하지만 아이들은 자신의 생각이나 취향을 적극적으로 전달한다. 부모들은 아이들이 원하는 것에 맞춰서 물건을 골라 온다. 아이들은 과거보다 훨씬 만족스럽게 대리 쇼핑을 즐긴다. 이런 점에서 '미니 밀레니얼'이라는 표현은 어울리지 않는다. 부모세대가 오히려 자녀들의 생각이나 취향에 맞춰서 소비해야 하기 때문이다. 이런 추세는 분명 흥미롭다. 자녀와 소통한다는 사실 자체도 흥미롭지만, 일찍부터 자신의 선호도를 반영한 소비를 하는 것도 특별하다.

모든 '다름'이 응집한 기호, 알파(α) ——————◇

과거에는 자녀보다 부모들의 마음을 사로잡아야 했다. 부모의

광고 속 후크송은 부모세대보다 알파세대를 노리는 게 아닐까? (출처 : 엘리하이)

소비가 곧 자녀의 소비였다. 그래서 자녀를 대상으로 한 서비스는 모두 부모세대를 공략했다. 하지만 지금은 어떤가? 과연 학습지 광고의 중독성 넘치는 CM송이 온전히 부모세대에게 맞춘 것일까? 이것은 알파세대가 SNS로 퍼 나르는 새로운 '밈'을 노린 것이다. 밈이란 서로 따라 하고 공유한 콘텐츠가 확산되는 현상을 말한다.

한창 사회생활에 전념하고 있는 밀레니얼세대는 밈을 만들고 공유할 시간이 없다. 이런 마케팅 방식은 알파세대에게 더 많은 효과를 기대한다. 중독성 넘치는 CM송에 공감하고 해당 브랜드를 인지한 알파세대는 학습지를 고를 때도 부모에게 적극적으로 의견을 피력할 가능성이 높다. 이런 점에서 과거와 다른 마케팅 프로젝트는 알파세대의 특성을 상당 부분 반영한 것이다.

이렇듯 '알파'는 기존과는 다른 기준, 그리고 다른 세상을 만드는 수많은 특성들을 포괄적으로 의미한다.

명품 브랜드는 왜 10대에 빠졌나?

　새로운 시대와 트렌드를 논하면서 가장 많이 거론되는 단어 중 하나가 '인구절벽'이다. 기성세대들이 학교를 다니던 시절에는 인구절벽이라는 단어 자체를 들어보지 못했다. 학생 수가 많아서 초등학교는 오전반과 오후반으로 나누어 수업을 했고, 한 학급에서 40명이 넘는 아이들이 함께 공부했다. 학교에 학생들이 많은 것, 학교 친구들이 많은 것은 너무나 당연했다. 하지만 학급의 학생 수가 줄어들고, 심지어 폐교도 늘어나는 알파세대에게는 당연하지 않은 일이다.

　군이 통계를 언급하지 않아도, 알파세대가 본격적으로 소비 트렌드를 이끌어갈 세상은 인구절벽을 마주하고 있다. 인구절벽은 이제 막 사회에 진출하는 Z세대에게도 영향을 미치고 있다. 생산 가능인구가 줄어들면 경제 성장에도 영향을 미치기 때문이다. 그렇다면 사회 전반에 영향을 미치는 인구절벽은 알파세대와 Z세대에게 구체적으로 어떤 의미가 있을까?

알파세대의 인간관계는 '소수집중' ──────◇

'소수집중'이라는 말에 주목하자. 소수에 집중해 책임감 있게 지도한다는 학원의 홍보 문구를 보았을 것이다. 소수집중은 인구절벽 시대를 살아가는 알파세대와 Z세대에게 매우 중요한 의미를 가진다. 알파세대의 인간관계를 생각해 보자.

밀레니얼세대까지는 학교에 친구들이 많았다. 점심시간에는 늘 축구를 한다고 잔뜩 모여 있었고, 두루두루 친하게 지냈다. 하지만 알파세대에게는 불가능한 일이다. 우선 학급의 학생 수가 줄어들었다. 그만큼 친구의 수도 줄어들었다는 뜻이다. 따라서 인간관계 역시 소수집중형이 될 수밖에 없다.

애초에 인간관계를 맺을 수 있는 대상이 적다. 사회 자체가 이런 방향성을 이끄는 것이다. Z세대도 큰 차이가 없다. 과거의 세대들보다 적은 수의 친구들과 교류하며, 규모가 작은 소수집중형 인간관계가 형성되었다.

소수집중형 인간관계는 주로 '오프라인' 환경에서 이루어진다. 소셜미디어와 메신저를 기반으로 하는 '온라인' 환경에서는 오히려 인간관계를 확장한다. 온라인에서 불특정 다수와 교류를 맺기 때문이다. 흥미로운 점은 알파세대와 Z세대는 비대면, 즉 온라인에서 형성한 인간관계를 그대로 온라인에 둔다는 것이다. 온라인 커뮤니티에서 함께 활동하며 대화를 주고받더라도 직접 대면은 하지 않는다. 오프라인 환경에서 만난다 하더라도 대부분 개별적인 친목보다 관심사가 같은 단체모임이나 행사가 주를 이룬다. 한마디로 밀도 있는 인간관계를 지향하지 않는다. 온라인은 오프라인 공간의 소수집중형 인간관계를 확장하는 역할을 하지만 부족한 부분을 보완하지는 않는다.

기성세대는 학교를 다닐 때 같은 반 친구들과 두루 잘 지내야 한다고 생각했다. 부모님과 선생님도 이런 부분을 강조했다. 하지만 알파세대는 두루 잘 지내야 할 필요성을 느끼지 못한다. 마음 맞는 친구와 교류하면 되지, 굳이 잘 맞지 않는 친구들까지 친하게 지낼 필요가 없다고 여긴다. 같은 반, 같은 공동체 내에 있다고 해서 무조건 잘 지내야 한다는 말은 알파세대에게 통하지 않는다.

부모와 가족의 관심도 '소수집중형' ──────── ◇

    부모의 관심과 가족도 소수집중형이다. 알파세대와 Z세대는 가족 구성원이 현저히 적다. 4인 가족은 찾아보기 힘들고, 3인 또는 2인 가족이 흔하다. 1인 가구의 비중이 꾸준히 늘어나더니 전체 가구 구성비에서 1위를 차지하는 파란을 일으켰다. 혼자 사는 사람들의 시대가 온 것이다. 상황이 이렇다 보니 알파세대들은 형제자매 없이 혼자 성장하는 경우가 많다. 자연스럽게 친척의 숫자도 줄어든다.

1인 및 2인 가구 증가, 3인 이상 가구 감소 추세

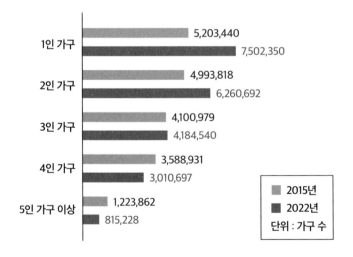

1인 가구	5,203,440	
	7,502,350	
2인 가구	4,993,818	
	6,260,692	
3인 가구	4,100,979	
	4,184,540	
4인 가구	3,588,931	
	3,010,697	
5인 가구 이상	1,223,862	
	815,228	

■ 2015년
■ 2022년
단위 : 가구 수

자녀 수가 적은 것 역시 마케팅과 비즈니스의 관점에서 의미하는 바가 크다. 알파세대의 부모들은 소수집중형 가족을 꾸린다. 가족 구성원이 줄었다는 것은 자녀의 수가 줄었다는 의미다. 극단적으로 말하면 자녀 교육에 있어서 '두 번'은 없으니 시행착오를 줄여야 한다. 자녀가 여럿이면 첫째 아이를 키우면서 둘째 혹은 셋째 아이를 어떻게 키워야 할지 교훈을 얻을 수 있다. 부모의 경험이 전혀 없는 상황에서 첫째를 통해 양육 방법을 배우는 것이다.

그런데 자녀가 하나밖에 없으면 시행착오가 아무런 의미가 없다. 알파세대 자녀가 초등학교 3학년이라고 가정해 보자. 앞으로 초등학교 3학년을 맞이할 자녀가 없다. 그러니 좀 더 절박한 심정으로 아이의 미래를 바라볼 것이고, 좀 더 과감한 시선으로 아이의 니즈를 찾을 것이다. 하나뿐인 만큼 많이 투자하고 많이 소비한다는 뜻이다. 그래서 알파세대는 자신들의 니즈를 소비에 반영할 기회가 더 많다.

용돈이 집중된 세대 ────────◇

상당히 흥미로운 것은 소수집중형으로 소비의 혜택을 제공하는 사람이 부모뿐만이 아니라는 것이다. 조부모 역시 손자와 손녀를 대하는 마음이 그 어느 때보다 각별할 수밖에 없다. 가족 구성원이 줄어들고 있으니 말이다. 다른 친척들도 마찬가지다. 알파세대를 위해 집중적으로 돈을 쓸 수 있는 사람들이 곳곳에 존재한다는 뜻이다. 소수집중형 소비는 알파세대에게 남다른 혜택일 수밖에 없다.

이처럼 알파세대는 가족 구성원들이 소비를 몰아줄 가능성이 크다. 구매할 수 있는 가능성이 과거의 세대들보다 훨씬 높다는 것이다. 이런 소수집중형 생태계를 이해한 브랜드들은 저마다 모델의 연령을 낮추고 있다. 특히 명품 브랜드들은 10대 셀럽들을 모델로 기용하며 명품시장의 판도를 바꾸고 있다. '10대부터 명품에 길들이려 한다'는 부정적인 평가도 있지만 마케팅이나 비즈니스 관점에서 보면 충분히 가능한 일이다.

미리 브랜드를 인지시킨다는 측면도 있다. 알파세대가 소비 트렌드의 중심에 서고 적정한 소비력을 갖췄을 때는 이미 인지하고 있는 브랜드에 먼저 접근할 가능성이 높다. 그래서 명품 브랜드들은 미래를 위해 10대들에게 친숙한 모델들을 기용해 이질감을 줄이고, 브랜드의 이미지를 각인시키는 작업을 하고 있다.

영향력을 발휘하는 아이들 ────────◇

　이러한 마케팅은 명품만의 행보가 아니다. 패션, 유통, 엔터테인먼트 등 산업계 전반에 걸쳐 알파세대를 겨냥한 마케팅 활동이 활발하게 벌어지고 있다. 패션업계는 게임 또는 IT 업체와 손잡고 NFT 등 알파세대가 쉽게 접근할 수 있는 웹3.0 생태계에 적응하고 있다. 이것은 알파세대와 Z세대까지 포괄하는 방식이다.

　얼핏 봐서는 거리감이 느껴지기도 한다. 당장 알파세대는 지갑을 열 구매력이 없는데도, 왜 이들이 모인 곳을 찾아다니며 다양한 활동을 벌이는 걸까? 소수집중형 환경에서 알파세대는 부모

게임업체와 적극적으로 협업을 하며 알파세대와 Z세대를 겨냥하는 나이키 (출처 : EA)

세대에게 더 많은 영향력을 행사하기 때문이다. 그러니 알파세대를 공략해 소비 욕구를 자극하면, 부모와 주변 가족들이 대신 돈을 쓸 수 있다.

알파세대는 단순히 '아이'들이 아니다. 다양한 방식으로 소비에 영향을 주며, 자신들의 영향력을 과감히 드러내고 있다는 점을 기억해야 한다.

레고가 키덜트를 공략하는 이유

사람들은 자신이 알고 있는 것을 다른 사람에게 알려줄 때 기분이 좋아진다. 나 역시 그렇다. 한번은 진로와 관련해 조언하기 위해 만났던 알파세대들에게 트렌드를 설명하다 '느림'이 지배했던 시기에 대해 슬쩍 이야기해 줬다. 알파세대들은 열심히 듣고 나서 이렇게 반문했다.

"아니, 도대체 왜 그랬던 거예요?"

알파세대들의 눈빛은 호기심이 아니라 정말 이해할 수 없다는 의문을 담고 있었다. 알파세대는 정말로 아날로그를 이해하지 못하고 있었다. 타인의 생각을 이해하려는 노력을 하지 않는 게 아니라 정말로 이해하지 못한다.

알파세대는 아날로그 시대를 살아보지 못했다. 그들이 태어난 2010년은 이미 아이폰3GS가 출시되었고, 갤럭시 시리즈가 등장해 스마트폰 시장에 각축전이 벌어지고 있었다. 스마트폰이 가져온 일상의 혁신이 진행된 상태에서 알파세대가 태어난 것이다. 밀레니얼세대의 초반(1986년)에 태어난 나는 심지어 16화음 핸드폰도 사용해 봤다. 하지만 알파세대는 애초에 그럴 일이 없었다. 그러니 아날로그를 이해하지 못하는 것도 당연하다. 이런 배경은 마케팅이나 비즈니스, 그리고 트렌드에 특별한 현상과 메시지를 불러온다. 알파세대가 아날로그를 이해하지 못함으로써 나타나는 특성이 있다는 것이다.

기다림의 미학은
다른 세상 이야기

알파세대는 기다림의 미학을 이해하지 못한다. 한마디로 참을성이 부족하다. 성격이 급한 것과는 조금 다른 측면이다. 흥미롭게도 알파세대와 Z세대는 자신들이 꼭 필요한 것을 얻으려고 할 때는 잘 기다린다. 자신이 원하는 한 끼를 위해서는 '오픈런'도 마다하지 않는다. 하지만 자신에게 꼭 필요한 일이 아닌 부분에서는 참을성이 매우 부족하다. 이 같은 성향은 아날로그에서 완전히 벗어난 세대라는 특성이 한몫한다. 알파세대는 인터넷 속도 자체가 빠른 시대에 성장했다. PC통신을 거쳐 ADSL을 경험하고 초고속 인터넷의 시대로 들어온 기성세대는 지금의 인터넷 속도가 매우 빠르다고 느낀다. 그래서 속도가 조금 느려도 아량 있게 기다릴 줄 안다.

하지만 알파세대는 지금의 속도보다 느린 환경을 경험해 보지 못했다. 늘 빠른 처리속도에 익숙한 그들이 아날로그 감성에서 느낄 수 있는 기다림의 미학을 이해하지 못하는 것도 당연하다. 따라서 그들에게 느린 속도를 받아들이라는 메시지는 통하지 않는다. 정말 필요하고 원하는 것이 아닌 한 기다리지 못한다.

사야 하는 디지털 기기가 있다고 하자. 없으면 큰일 날 정도는 아니지만 어느 정도 필요하기는 하다. 인터넷에서 최저가를 검색해 보니 발송까지 4일이 소요된다고 한다. 이 경우 알파세대는 어떤 선택을 할까? 주저 없이 당일 혹은 다음 날 배송이 가능한 판매처를 다시 찾을 것이다. 조금 더 비싸도 상관없다. 기다리는 것보다 낫다. 이런 성향은 Z세대도 가지고 있기에 앞으로도 퀵커머스, 풀필먼트 등을 비롯한 직관적 소비시장이 꾸준히 성장할 것으로 보인다.

내가 직접 만드는 즐거움, 알파세대에게는 없다? ───────◇

또한 알파세대는 DIY(Do It Yourself)의 즐거움에 쉽게 공감하지 못한다. 한때 우리는 DIY 키트의 홍수 속에서 살았다. 무엇이든 직접 만들어 보고 시도해서 결과물을 얻었다. 시행착오를 거치면서 배우는 즐거움이 있었기에 DIY 분야가 성장했다. 문제는 DIY가 시간을 필요로 한다는 것이다. 배우는 데도 시간이 필요하고, 배워서 시도하는 과정에도 시간이 걸린다. 무턱대고 도전한다면 실패하는 횟수가 늘어나고 시간이 더 많이 걸린다. 그렇다면 기다림의 미학을 이해하지 못하는 알파세대가 DIY의 과정을 소화할 수 있을까?

아이들에게 가장 훌륭한 DIY형 놀이는 단연 레고다. 브랜드 이름이지만 블록형 장난감을 레고라고 지칭할 정도로 존재감이 높다. 이런 레고가 알파세대를 만나 조금 변화된 모습을 보이고 있다. 키덜트, 즉 취미로 레고 장난감을 만드는 성인 구매층을 노린다는 점이다. 레고를 알파세대에게 선물하는 것과는 별개다. 한정판 또는 고가의 제품들을 선보이며 알파세대뿐만 아니라 키덜트족들의 구매욕을 자극한다.

이유는 간단하다. 디지털 기기를 활용한 게임시장으로 이동한

레고는 분명 멋진 놀이이지만, 완성품이 더 좋을 수도 있다. (출처 : 레고코리아)

알파세대의 관심과 DIY에 공감하지 못하는 알파세대의 특성이 맞물려 시장에 큰 변화가 생겼기 때문이다. 대중적인 저가형 제품을 선보이는 것보다 한정판과 고가형으로 마니아층을 공략하는 것이 더 낫다는 판단이다.

DIY는 노동? ◇

레고 자체가 알파세대에게 환영받지 못하는 것은 아니다. 단지 과거처럼 환상적인 놀이수단이 아니라는 것이다. DIY의 즐거움을 공감하는 알파세대도 있다. 하지만 대중적인 놀이가 되지는 못한다. 오픈마켓에서는 레고 '완제품'을 판매하는 글이나 판매자를 쉽게 찾아볼 수 있다. 알파세대는 직접 만드는 것이 아니라 완제품을 사는 것으로 DIY의 즐거움을 누린다.

이러한 성향은 제품이나 서비스에도 큰 영향을 준다. 일명 '떠먹여 주는' 제품과 서비스가 알파세대의 공감을 얻을 확률이 높다. 직접 준비하거나 직접 작업해야 하는 제품과 서비스는 환영받지 못할 것이다. 예를 들어 게임 콘솔을 샀는데, 연결 케이블을 따로 구매해야 한다면 어떨까? 콘솔의 액정 보호필름도 직접 사서 붙여야 하고, 각종 주변기기도 따로 사야 한다. 알파세대에게는 반갑지 않은 상황이다. 그래서 '올인원 패키지'가 나온다. 각종 주변기기와 케이블, 액정 보호필름까지 모두 세팅되어 있어 사자마자 바로 즐길 수 있도록 말이다.

알파세대는 이런 '올인원'에 공감한다. 내 돈을 주고 샀는데, 바로 사용할 수 없으면 짜증 나는 일이다. 편하게 소비의 목적에 도달할 수 있어야 한다. 이런 부분들이 바로 아날로그 시대를 이해하지 못하는 알파세대의 특징이다. Z세대도 '완전체'형 소비를 더 반기는 경향을 보인다.

그래서 알파세대와 Z세대 소비자들에게는 최대한 친절해야 한다. 여기서 친절함이란 빠짐없이 챙겨주어 소비의 목적에 바로 접근할 수 있는 꼼꼼함을 말한다.

전문가 시대를 이끄는 알파세대 ─────◇

　이런 관점에서 한 가지 더 예측 가능한 트렌드가 있다. 각종 '전문가'의 시대가 도래한다는 것이다. 알파세대와 Z세대는 DIY의 즐거움에 공감하지 못하고, 원하는 결과를 얻기까지 기다리는 것도 쉽지 않다. 그렇다면 문제가 생겼을 때 어떻게 행동할까? 문제를 곧바로 해결해 줄 전문가부터 찾는다. 갑자기 집에 형광등이 꺼졌다면 어떻게 해야 할까? 밀레니얼세대와 기성세대들은 스스로 해결할 방법을 먼저 찾을 것이다. 하지만 알파세대와 Z세대는 곧바로 전문가를 검색하고 적당한 가격을 지불해 형광등을 교체한다.

　Z세대의 소비시장에서도 이미 전문가들이 주목받고 있지만, 알파세대의 소비시장에서는 더할 것이다. 앞으로 일상에서 마주하는 수많은 일들을 해결할 전문가의 범위와 종류는 점점 더 다양해질 것이다. 어떤 문제를 해결할 수 있는 전문성을 가지고 있다면 얼마든지 선택받을 수 있다는 것이다.

ALPHA GENERATION

Part 2

관심사 중심의 시대,
각자의 이야기를 말하다

알파세대에게 관심사란 무엇인가?

　기성세대에게 '관심사'가 무엇이냐고 물으면 대부분 '취미'를 말할 것이다. 최근에 눈길을 끌던 '이슈'를 말할 수도 있다. 어느 것이라도 상관없다. 일단 관심사라는 단어의 절반은 이해하고 있는 셈이다. 하지만 딱 '절반'이다. 알파세대와 Z세대를 관통하는 관심사라는 단어를 이해하기에는 '절반'이 부족하다는 뜻이다. 관심사는 알파세대와 Z세대를 함께 다루는 데 있어 매우 중요한 단어다. 그래서 심화적 이해가 필요하다.

　우리는 관심사라고 하면 흔히 취미를 생각한다. 그만큼 관심사에서 취미가 차지하는 비중이 크다. 물론 알파세대와 Z세대의 관심사에도 취미가 포함되어 있다. 다만 그 의미가 조금은 확장될 수 있다. 그들에게는 취미도 2가지로 나뉘기 때문이다.

한 가지는 매우 단순한 취미다. 예를 들어 텔레비전을 보는 것과 같이 딱히 돈을 쓰지 않아도 충분히 시간을 보낼 수 있는 것들이다. 또 다른 한 가지는 돈을 써야 하는 취미다. 소비해야 즐길 수 있다는 뜻이다. 기성세대를 예로 들면 등산과 같은 것들이다. 등산이 왜 돈이 드느냐고 할지 모르겠지만, 등산복과 등산화 등의외로 전문적인 장비가 필요하다. 알파세대에게는 캐릭터 제품이나 신발 수집과 같은 것들이 포함된다.

알파세대의 관심사 : 돈을 쓰는 취미 ─────────◇

알파세대는 2가지 취미 중 돈을 써야 하는 관심사를 추구한다. 이는 Z세대도 마찬가지다. 돈이 들지 않는 단순한 행위는 관심사의 범주에 들어가지 않는다. 알파세대에게 최소한 관심사로 인정받으려면, 어느 정도 돈이 들어가야 한다. 무조건 돈을 써야 의미있다는 것이 아니라 '돈을 쓰는 정도'는 되어야 누군가에게 관심사라고 말할 수 있기 때문이다. 관심사가 뭐냐고 질문했을 때, 'TV 시청'이라고 하면 조금 민망하지 않겠는가? 커뮤니티에서 인정받고 싶어 하는 알파세대와 Z세대는 민망함의 정도가 더 클 것이다. 따라서 돈을 쓰지 않는 평범한 것들은 관심사라고 여기지 않는 경향이 강하다.

알파세대의 관심사 : 가치   ━━━◇

취미만 관심사가 되는 것은 아니다. 또 다른 관심사도 알파세대와 Z세대를 겨냥한다. 대표적으로 '가치'가 있다. 가치는 '보이지 않는 개념'이다. 환경보호에 관심이 많은 알파세대가 있다고 가정해 보자. 이 아이는 뭐 하나라도 환경에 도움되는 일들을 하고 싶어 한다. 그래서 탄소 저감을 실천하는 기업에서 만든 학용품을 사고, 학교에서 주최하는 환경 관련 대회에 나가기도 한다. 이 아이의 관심사는 무엇일까? 당연히 '환경'이다.

그런데 환경이라는 단어는 눈에 보이지 않는 매우 넓고 심오한 개념이다. 물론 환경을 구성하는 요소들은 눈에 잘 보이지만 환경보호는 추상적인 개념이다. 이것 또한 관심사의 범주에 들어간다. 최근에는 동물복지, 사회적 약자 배려 등 알파세대가 관심을 가질 만한 가치가 점점 많아지고 있다. 그래서 다방면으로 관심사가 늘어나고 있는 상황이다.

제주삼다수는 어린이 직업 체험 테마파크 키자니아에 '워터 폴리 스튜디오'를 개장해 재활용에 대한 인식과 습관 형성을 돕고 있다. 소리로 예술을 표현하는 폴리아티스트가 되어 페트병 등 소품을 활용해 제주 자연의 소리를 구현하고, 제주삼다수 영상에 녹음하는 활동을 진행했다.

누군가에게는 매우 단순한 체험일 수 있겠지만, 환경에 관심이 많은 알파세대에게는 꽤 의미 있는 일이다. 지금까지 환경에 관심을 두지 않다가 이런 활동을 통해 환경에 관심을 가지게 된 아

알파세대는 체험에서도 각자의 관심사에 따라 다른 집중력을 보인다. (출처 : 제주삼다수, 키자니아)

이들도 있을 것이다. 이것이 모두 브랜드를 인지시키는 과정이다. 이들의 관심사를 반영하는 것 자체가 마케팅과 비즈니스를 이끄는 힘이 된다. 알파세대와 Z세대가 관심사로 여기는 것에 반드시 주목해야 하는 이유다.

알파세대의 관심사 : 나 ─────◇

또 다른 한 가지는 바로 '나'이다. 애초에 관심사는 '나'에게서 출발한다. 취미는 누가 하는 것인가? 바로 '나'이다. 가치는 누가 추구하는가? '나'이다. 모든 것이 '나'로 귀결된다.

알파세대는 개인주의 성향이 Z세대보다 훨씬 더 강하다. 여기에 '나'의 관심사가 결합되면, 모든 행동이 '나'를 위한 일이 된다. 예를 들어 제주삼다수 체험도 결국 '나'를 위한 것이다. 부모가 강요한다고 해서 하는 게 아니다. 결국은 내가 원해야 움직이고, 나의 관심사와 일치해야 적극적으로 나선다. 애초에 알파세대는 관심사를 추구하는 기회를 스스로 선택한다. 이것은 단순하지만 매우 중요한 의미가 있다.

나는 어린 시절 내가 하고 싶은 일보다 부모님의 의지에 따라 하는 일이 더 많았다. 휴일에 놀러 갈 때도 부모님이 알아서 장소를 정했다. 아이들이 정보를 얻기도 쉽지 않았지만, 부모님이 적극적으로 내 의견을 말할 기회를 주지 않았다. 나의 시간을 투자하는 일인데도, 부모님이 선호하는 쪽으로 소비가 결정되었다.

하지만 알파세대는 다르다. 인터넷 덕분에 정보력도 어른보다 뛰어나고 표현하는 데도 망설임이 없다. 가고 싶은 곳을 직접 찾아보고 적극적으로 말한다. 그러니 알파세대의 움직임은 곧 자신의 관심사와 연결되고, 모든 관심사가 '나'에게서 출발할 수 있는 것이다.

알파세대는 어릴 때부터 '나'로 존재한다. 엄마 아빠의 아들이나 딸이 아니라 자신의 이름으로 완전하게 자리 잡는다. 그래서 '나'라는 관심사가 의미가 있는 것이다. '나'라는 존재감이 없다면 관심사라는 단어가 의미 있을까? 알파세대는 온전히 '나'로 존재하기에 '나'의 관심사가 큰 의미를 가진다.

진정한 '다원화' 사회에 사는 알파세대 ─────── ✧

관심사의 관점에서 보면 알파세대와 Z세대는 진정한 다원화 사회를 마주하고 있다. 기성세대는 스스로를 위한 관심사를 추구하지 못했기에 방향성이 다양하지 못했다. 부모들이 자녀들의 관심사를 존중하지 않는 경향도 강했다. 그래서 마니아를 뜻하는 '덕후'라는 개념이 부정적으로 인식되었고, 자녀가 덕후 기질을 보이는 것을 달갑지 않게 여기는 부모들도 많았다.

하지만 알파세대와 Z세대는 다르다. 덕후는 한 분야에 대해 해박한 지식을 갖춘 사람들이다. 한마디로 '콘텐츠'를 많이 가지고 있다는 것이다. 콘텐츠가 없는 사람보다 훨씬 더 흥미로운 매력을 갖춘 사람, '뭘 해도 될 사람'이다.

알파세대와 Z세대는 자신들의 관심사를 존중받는 시대에 살고 있다. 취미도, 가치도, 더 나아가서는 자신의 존재도 존중받는다. 따라서 관심사를 마음껏 추구할 수 있다. 취미생활을 해도 적극적으로 하고, 다양한 수단을 통해 가치를 구현한다. 자신의 관심사를 적극적으로 드러내는 것은 말할 필요도 없다.

알파세대와 Z세대의 관심사는 앞으로도 더 다양해질 것이다. 진정한 의미의 다원화 트렌드는 더욱 강해질 것이고, 이것을 바탕으로 알파세대와 Z세대의 관심사는 더욱 심화될 것이다. 따라서 미래의 트렌드를 예측하기 위해서는 알파세대와 Z세대가 말하는 관심사의 의미를 정확하게 이해하고 중심축으로 생각해야 한다.

짜파게티는 왜 하얗게 변했을까?

시장에서 공급은 일반적으로 공급자에 의해 이루어진다. 이때 공급자는 대부분 기업이나 브랜드다. 공공서비스의 측면에서 본다면 정부기관도 공급자에 해당한다. 그리고 지금까지 공급자들은 권력 아닌 권력을 가지고 있었다. 시장에 제품과 서비스를 공급한다는 것은 대중에게 영향력을 행사한다는 뜻이다. 대중들은 자신의 돈을 쓰는 소비행위를 하지만 공급자가 소비를 결정하는 권한을 가지고 있으니 일종의 권력인 셈이다.

하지만 알파세대와 Z세대가 등장하면서 공급자가 누리던 권력에 균열이 생겼다. 알파세대와 Z세대의 '눈치'를 보며 수직적이었던 권력 구도가 수평적으로 맞춰진 것이다. 이것이 모두 관심사에서 비롯되었다. 이들은 관심 없는 공급에는 눈길을 주지 않기 때문이다.

공급에 영향력을 행사하는 알파세대 ─────────◇

어느 때부터인가 알파세대를 위한 교육서비스는 전부 '맞춤'을 지향하고 있다. 누가 먼저라고 할 것도 없었다. 교원은 게임과 애니메이션, 그리고 체험형 학습 등 상당히 다양한 콘텐츠를 제공하며 알파세대가 가장 관심 있는 방식을 직접 선택할 수 있도록 폭을 넓히고 있다. 과거와는 전혀 다른 모습이다.

과거에는 모든 학습자가 똑같은 문제를 받고 똑같이 진도를 나갔다. 하지만 관심사를 중심으로 한 알파세대는 다르다. 공부에 관심이 없는 아이들에게 똑같은 방식을 제공하면 학습 능률이 떨어진다. 그래서 각자 원하는 콘텐츠를 관심사에 맞게 선택해서 학습효과를 끌어올리는 방식을 채택하고 있다. 약속이라도 한 것처럼 교육업계가 모두 관심사를 기반으로 프로그램을 선보이고 있다. 알파세대의 관심사가 교육업계에도 영향을 미친 것이다.

이 같은 행보에 따른 성과는 생각보다 크다. 실제로 매출이 늘

요즘은 교육서비스가 알파세대에게 맞춰가고 있다. (출처 : 교원 빨간펜)

어났고, 또 매출 상승세가 유지되고 있다. 알파세대도 더 많은 관심을 보였고, 자녀가 관심을 보이니 부모들도 관심을 가지는 긍정적인 상황이 만들어졌다.

　알파세대보다 Z세대에 조금 더 가까운 사례가 있다. 바로 마트의 변신 이야기다. 마트의 참치회 전문 매장에서는 요리사가 당일 가장 신선한 횟감을 골라 고객이 원하는 대로 요리해 준다. 예를 들어 참치를 사면서 초밥, 회, 후토마키(일본식 롤), 하코스시(누름초밥)를 다양하게 주문할 수 있다. 일명 오더메이드(order made) 방식이다. 이런 변화는 생선에만 국한된 것이 아니다. 육류와 채소까지 오더메이드 방식을 도입하는 유통업계가 늘어나고 있다.

생선도, 고기도 고객이 원하는 대로 제공하는 시대가 왔다. (출처 : 롯데마트)

오더메이드는 패션업계에서 적용하던 개념이다. 자신에게 꼭 맞는 '맞춤복'을 살 때 오더메이드라는 단어를 쓴다. 그런데 유통 업계에서, 그것도 음식을 오더메이드로 제공하는 것은 상당히 흥미로운 일이다. 왜 이렇게 하는 걸까? 이유는 간단하다. 자신의 관심사를 추구하는 알파세대와 Z세대 때문이다. 같은 식재료를 놓고도 각자의 음식 취향은 다를 수 있다.

과거에는 이런 관심사들을 적당히 반영해 일방적인 공급을 할 수 있었다. 하지만 알파세대와 Z세대가 중심으로 등극한 트렌드에서는 불가능하다. 자신의 관심사에 맞지 않는 소비는 하지 않기 때문이다. 참치 초밥을 좋아하는 알파세대와 Z세대에게 참치회를 일방적으로 제공할 수는 없다. 취향에 맞춰서 세분화된 요리 방식으로 제공해야 한다. 이러한 변화는 유통업계뿐만 아니라 모든 업계에서 일어나고 있다. 그래서 오더메이드의 시대가 온 것이다.

알파세대와 Z세대가 이끌어가는 트렌드에 적응하려면 공급 패러다임 자체를 전환해야 한다. 누구나 주력상품이 있다. 하지만 주력상품만으로는 2% 부족하다. 알파세대와 Z세대의 특성을 고려한다면 다양한 상품을 공급해 나간다는 생각의 변화가 필요하다. 특히 개개인의 관심사를 크게 생각하지 않았던 스테디셀러 제품들은 이런 변화를 좀 더 절박하게 받아들여야 한다.

지금의 스테디셀러가 언제까지나 잘 팔려나갈 수 있을까? 각자의 관심사가 더 뚜렷해지고, 개인주의 성향이 더 강해지는 알파세대의 선택을 받기 힘들어질 수도 있다. 자신의 관심사에서 멀어진 제품은 돈을 들여가며 소비하지 않을 것이기 때문이다. 따라서 알파세대의 관심사를 바탕으로 꾸준히 새로운 시장을 발굴하는 노력이 필요하다. 또 특별한 관심사에 공감하고 새로운 제품을 개발하는 다양한 시도가 함께 이루어져야 한다.

짜장라면에서 짜장은 빼주세요 ──────◇

    하얀 짜파게티가 나왔다. 짜파게티는 짜장라면의 브랜드 이름
이다. 시장에서 워낙 존재감이 커서 짜파게티라고 하면 으레 짜
장라면을 일컫는 말이 되었다. 브랜딩이 확실한 제품이라 별도의
마케팅이 필요 없을 정도다. 하지만 하얀 짜파게티로 변화를 시
도했다. 굳이 시장 개척이 필요 없는 제품을 가지고 이런 노력을
하는 이유는 뭘까? 짜파게티는 짜장라면이지만 알파세대와 Z세
대는 다른 방향으로 관심을 가진다. 이를테면 새로운 소스, 새로

•
스테디셀러 제품도 관심사에 맞게 변화를 시도한다. (출처 : 농심)

운 재료가 들어간 짜장라면이다. 그래서 제품의 선택지를 늘려가며 알파세대와 Z세대를 겨냥하는 것이다.

이처럼 스테디셀러의 변신은 지속적으로 이루어지고 있다. 오랫동안 인기를 얻은 스낵들도 색다른 협업을 시도한다. 음료 제품도 게임 등 다양한 콘텐츠와 함께 새로운 선택지를 만들어 낸다. 기성세대에게 조금은 낯설게 다가오는 시도들은 알파세대와 Z세대의 관심사를 반영하다 보니 그럴 것이다.

공급과 소비는 동시에 이루어지는 것

물론 무조건 선택지를 늘린다고 관심사를 반영하는 것은 아니다. 직접적인 소통을 통해 그들의 의견을 제품이나 서비스에 반영할 수도 있고, 뉴미디어에 언급되는 키워드를 조합해 새로운 이야기를 창조할 수도 있다. 중요한 것은 공급자가 알파세대보다 우위에 있다는 생각을 버려야 한다는 점이다. 지금은 공급자와 소비자인 알파세대가 함께 소통하며 제품을 만들어가는 패러다임이 자리 잡고 있다. 소비가 따로 이루어지는 것이 아니라 동시에 진행된다는 것이다.

과거에는 공급자가 제품이나 서비스를 시장에 내놓으면 소비가 이루어졌다. 하지만 이제는 알파세대와 Z세대가 원하는 것이 공급에 영향을 미치면서 무작정 소비가 이루어지지는 않는다. 그래서 공급과 소비를 '동시진행형'으로 전환해야 한다. 더 이상 수직적이고 경직된 사고로는 알파세대와 Z세대를 상대하기 어렵다.

공급이 우위라는 인식을 버리고, 통합적인 소통을 하면서 알파세대와 Z세대의 관심사를 적극적으로 반영해야 한다. 그 과정에서 기업은 새로운 먹거리를 찾을 수 있다. 관심사를 반영하는 과정부터가 기업의 활동이라는 생각으로 새로운 기회를 만들어가야 한다.

뭘 믿고 자꾸 신제품을 쏟아내는 걸까?

알파세대를 만나는 것은 늘 설레는 일이다. 그들의 새로운 생각을 읽을 수 있고, 나와 다른 점을 발견하며 시대의 변화를 알 수 있기 때문이다. 그런데 한편으로는 깜짝깜짝 놀라는 시간의 연속이기도 하다. 그만큼 다르다. 특히 관심사에 있어서는 더욱 그렇다.

알파세대들을 만난 자리에서 가장 관심 있는 것이 무엇이냐고 물었다. 여러 가지 대답이 나왔다. 그중 눈길을 끈 것은 '역사'라는 대답이었다. 한 아이는 정말 역사에 관심이 많았다. 그런데 현대사를 좋아한다고 했다. 그러고 보니 역사에 대해 두루 알고 있는 게 아니었다. 현대사만 잘 알 뿐 다른 시대의 역사는 아예 모르고 있었다.

일반적으로 특정 분야에 관심이 있다고 하면 전반적인 지식을 갖추고 있다고 생각한다. 하지만 알파세대는 아니다. 관심 영역이 세분화되어 있어서 같은 분야라고 할지라도 관심 없는 부분은 아예 접근하지 않는다. 자신이 관심 있는 부분에만 완전히 몰입하는 것이다.

이러한 성향은 마케팅이나 비즈니스에서 의미하는 바가 크다. 관심사를 추구하는 데 있어서 일종의 타협이 없다는 것이다. 그렇기에 기업과 브랜드 입장에서는 상당히 위험한 상황이 생길 수 있다.

알파세대의 관심사 집중이 위험한 이유 ——————◇

가장 먼저 생각해야 할 것은 광고이다. 기업과 브랜드는 상품과 서비스를 알리거나 기업 이미지 홍보를 위해 광고를 진행한다. 그래서 우리는 항상 매스미디어의 광고에 둘러싸여 있고, 포털이나 유튜브에서 나오는 광고 역시 우리의 시간을 지배하고 있다. 과거의 광고는 '반강제적' 노출을 기대하며 진행되었다. 원하는 프로그램이나 콘텐츠를 보려면 광고를 먼저 보는 것을 당연하게 받아들였다. 그래서 광고는 불특정 다수를 대상으로 하는 노출효과가 매우 컸고, 이런 광고들이 지금의 기업과 브랜드를 만든 원동력이 되었다.

하지만 알파세대와 Z세대를 마주하고 있는 지금은 다르다. 이들은 관심사가 아닌 부분에는 아예 관심을 두지 않는다. 광고도 자신이 관심 있는 분야가 아니라면 굳이 보지 않는다. 유튜브에서 송출되는 광고는 넘기기 바쁘고, 구독상품을 결제해 아예 광고를 보지 않는다. 포털도 마찬가지다. 이렇다 보니 알파세대와 Z세대의 광고를 통한 전환비율은 상당히 낮다. 하지만 이들은 자신의 관심사에 따라 팔로우하는 인스타그램의 인플루언서를 통한 전환비율은 꽤 높은 편이다. 이처럼 광고도 관심사에 따라 움직이다 보니, 기업과 브랜드의 기존 광고 방식이 알파세대와 Z세대에게는 별다른 효과를 거두지 못할 가능성이 높다.

틈새가 지배한다? ────────── ✧

또 다른 한 가지는 '니치마켓'이 많아진다는 것이다. 니치마켓은 수요가 비어 있는 틈새시장을 뜻한다. 좀 더 부연하자면 수요가 비어 있어서 누군가가 발견해 진입하면 생각지도 못한 결과를

올리브영은 인디브랜드 향수라는 니치마켓을 발굴해 40% 이상의 매출 증가를 기록했다.
(출처 : CJ올리브영)

얻을 수 있는 시장을 말한다. 알파세대와 Z세대의 트렌드에서는 수요가 비어 있다기보다 특정 관심사를 반영하는 시장이라고 보면 된다. 기업과 브랜드 입장에서는 니치마켓의 존재가 마냥 위험한 것은 아니다. 생각지도 못한 매출의 원천이 될 수도 있고, 늘 고민했던 신규시장의 밑바탕이 될 수도 있다. 혹은 색다른 제품을 발견하는 기회가 되기도 한다.

본질적으로 생각해 보면 니치마켓은 치밀한 시장조사를 통해서도 발견하기 어렵다. 누군가의 관심사에 기대야 하는 시장의 존재를 알아차리기가 쉬운 일이 아니기 때문이다. 설령 발견한다고 해도 수요를 예측하기 어렵다. 불확실성이 너무 크기 때문이다.

그래도 관심사를 반영하려는 전략은 매우 좋은 행보다. 알파세대와 Z세대의 소비성향을 이끌어 낼 수 있는 아주 좋은 선택지가 될 수 있다. 다만 예측 가능한 부분이 적기 때문에 과감하게 투자를 하거나 기업과 브랜드 전략의 차원에서 밀어붙이기에는 무리가 있을 수 있다.

아이돌 멤버별 라벨이 붙은 비타500 ──────────◇

관심사가 아닌 것에 관심이 없는 알파세대와 Z세대는 기업과 브랜드의 행보에 있어 상당한 위험으로 다가온다. 하지만 이런 성향이 마케팅과 비즈니스를 전개하는 데는 유리한 부분도 있다.

첫 번째는 '몰입도'이다. 사실 기업이나 브랜드에 몰입하는 사람은 그렇게 많지 않다. 제품이나 서비스는 얼마든지 많기 때문에 굳이 하나에 몰입하지 않아도 소비하는 데 문제없다. 그래서 기업과 브랜드를 열렬히 지지하는 마니아층을 만들기가 쉽지 않다. 하지만 마니아층을 한번 만들어 놓으면, 지속적으로 관심을 가지는 소비층이 될 수 있다. 세상에 무엇을 내놓아도 집중하고, 또 가장 먼저 인증이나 공유로 지지해 준다. 문제는 이런 마니아층을 만들기가 결코 쉽지 않다는 것이다. 그런데 알파세대와 Z세대는 조금 다를 수 있다. 관심사가 아닌 것에는 눈길도 주지 않지만, 반대로 관심 있는 기업과 브랜드가 생기면 해당 제품만 소비할 가능성이 높다. 마니아층을 만들기 쉽다는 것이다.

광동제약이 마니아층을 만들기 위해 처음 시작한 것은 '팬' 만들기, 그것도 특정 아이돌 그룹의 팬을 자사의 팬으로 만드는 것이었다. 아이돌 그룹의 팬들은 마니아 성향이 굉장히 강한 알파 세대와 Z세대가 대부분이다. 이 팬덤은 적극적으로 광동제약에 소통을 요청했고, 광동제약은 팬덤의 의견을 반영해 멤버별 이미지가 담긴 한정판 에디션 패키지를 출시했다. 이후 병 라벨이 잘 안 떼어져 아쉽다는 피드백이 이어지자, 바로 스티커를 스페셜 굿즈로 출시했다.

분명 시작은 아이돌 그룹의 팬이었지만 이들은 잠재적 소비자

광동제약은 아이돌 그룹의 '팬'을 자사의 '팬'으로 만들었다. (출처 : 광동제약)

였다. 이들의 니즈를 충족시키는 피드백을 통해 광동제약에 대한 충성심을 끌어올렸다. 아이돌 그룹의 팬이, 기업의 팬이 되는 자연스러운 과정이 연출된 것이다.

알파세대와 Z세대는 관심사를 중심으로 세상을 바라본다. 그런데 이 관심사가 한 기업이나 브랜드를 겨냥했을 때 나타나는 효과는 그야말로 어마어마하다. 그래서 관심사를 형성하기는 어렵지만, 반드시 목표로 삼아야 하는 부분이다.

환승이별이 힘든 소비자

두 번째 성향은 바로 '소비 충성도'이다. 큰 문제가 없다면 굳이 '환승'하지 않는다. 아주 단적인 예로 라면이 있다. 알파세대나 Z세대가 편의점에서 매번 다른 컵라면을 사는 비율이 얼마나 될까? 아마 거의 없을 것이다. 가끔 눈에 띄는 신제품이 아닌 한 대부분 같은 제품을 산다. 이유는 간단하다. 알파세대와 Z세대는 관심사가 아닌 것에는 관심을 두지 않기 때문이다.

늘 새롭고 재미있는 것들을 찾아다니는 알파세대와 Z세대라 하더라도 이미 수차례 소비해 온 것들을 버리고 굳이 새로운 선택을 하지 않는다. 관심사에 따라 소비 영역을 확장할 수는 있겠지만, 일단 관심사의 영역에서 찾아낸 것을 꽤 오래 선택한다. 그래서 한 번 샀던 것들을 다시 사고, 더 많은 공감의 메시지를 보낸다. 소비의 횟수만 늘어날 수 있다면, 이만한 고객이 또 어디에 있겠는가?

알파세대에게 인기 있는 제품 중 하나인 불닭볶음면을 생각해 보자. 알파세대의 불닭 사랑은 유별나다. 스트레스를 해소해 주는 매운맛에 공감한 탓인지 편의점에서 라면을 소비하는 알파세대의 상당수가 불닭볶음면을 먹는다. 불닭볶음면은 상당히 다양한 라인업으로 유명하다. 지속적으로 신제품을 출시하고, 심지어 소스도 따로 판다. 이런 행보에는 여러 가지 이유가 있겠지만, 일종

불닭볶음면의 지속적인 신제품 개발은 알파세대와 Z세대의 소비를 확신하기 때문이다. (출처 : 삼양)

의 '확신' 때문이다. 이미 알파세대의 마음을 파고들었으니, 큰 문제만 없다면 충성도 높은 알파세대가 계속 구매해 줄 것이라는 확신이다.

알파세대는 일단 관심을 두기 시작하면 충성도가 굉장히 높다. 굳이 다른 걸 찾으려 하지 않고, 해당 제품이나 서비스를 꾸준히 바라본다. 불닭볶음면도 마찬가지일 것이다. 관심사를 두고 소비하기 시작했으면, 신제품이나 각종 확장형 제품을 계속 소비한다. 이런 알파세대에 대한 인식과 믿음이 불닭볶음면 생산에 영향을 주고 있다.

관심사가 아닌 것에 관심을 두지 않는 성향은 위기와 기회를 동시에 가져다준다. 당연히 위기는 명확히 인지하고, 기회는 확실히 붙잡아야 한다. 알파세대와 Z세대가 가지고 있는 이러한 성향을 정확히 읽고 위기보다 기회를 잡는 행보를 이어가길 바란다.

한여름에 크리스마스트리를 파는 이유

이제 알파세대와 Z세대를 관통하는 관심사에 대해 충분히 이해했을 것이다. 이들에게 관심사는 단순한 취미가 아니라 소비와 행동에 영향을 주는 중요한 요소이다.

그렇다면 관심사가 중심이 되는 세상은 지금의 트렌드와 뭐가 다른 걸까? 우리가 맞이할 세상은 어떻게 달라지는 걸까? 소비 트렌드의 측면에서 본다면 그 흐름은 크게 달라질 것으로 예상된다. 이제부터 자신의 관심사를 중요하게 생각하는 알파세대와 Z세대가 열어갈 사회적 현상과 트렌드에 대해 알아보자.

관심사 중심의 트렌드 :
입소문 효과 하락?　　　　　　　　　　———◇

　먼저 '입소문'을 생각해 보자. 코로나19로 인해 뉴노멀이 시작되기 전에 엔터테인먼트 업계는 입소문 마케팅에 많은 공을 들였다. 실제로 입소문을 통해 인기를 얻은 경우도 많았고, 평점 등 다양한 선택기준에 영향을 미쳤다. 하지만 코로나19로 인해 엔터테인먼트 시장이 잠시 쉬어가는 상황을 맞이하면서 입소문에 대한 논의도 조용히 중단되었다. 본질을 파고들어 보면 입소문 마케팅이 앞으로는 쉽지 않을 것이다.

　알파세대와 Z세대는 자신의 취향을 중심으로 소비한다. 엔터테인먼트 콘텐츠를 생각해 보면 배우 혹은 아티스트 등 자신이 선호하는 요소를 기준으로 선택할 가능성이 높다. 자신이 선호하는 요소란, 결국 관심사와 연결된다. 입소문보다 그냥 관심사를 따른다는 것이다. 그런 점에서 알파세대와 Z세대가 이끌어가는 트렌드에서는 입소문의 영향력이 줄어들 가능성이 높다.

　A라는 드라마가 있다. 평가가 나쁘지 않다. 주변 사람들 이야기를 들어보니 괜찮은 것 같다. B라는 드라마가 있다. 입소문은 나지 않았는데, 내가 너무 좋아하는 배우가 나온다. 알파세대와 Z세대는 대부분 B드라마를 선택할 것이다. 드라마의 특성상 A드

라마도 볼 가능성이 높지만 마음이 먼저 B드라마로 향한다.

따라서 입소문만큼이나 키워드를 중심으로 한 마케팅과 비즈니스 전개가 중요해질 것이다. 여기서 말하는 키워드는 포털에서 말하는 키워드 광고가 아니다. 제품과 서비스, 콘텐츠의 핵심 키워드가 무엇인지 명확히 인지해야 한다는 것이다. 해당 키워드에 관심이 많은 타깃을 대상으로 마케팅을 전개하며 효과를 가늠하는 과정이 필요하다. SNS의 해시태그처럼 관심 있는 사람들을 모아가는 과정도 마케팅의 한 축을 담당하게 되리라 예상한다. 관심사 중심의 세상에서는 말이다.

관심사 중심의 트렌드 : 시기가 사라진다 ──────────◇

'시기'라는 것도 완전히 사라질 가능성이 높다. 여기서 시기란 2가지 의미다. 첫 번째는 제품이나 서비스가 세상에 나오는 시기다. 보통은 세상에 나온 시점을 중심으로 마케팅을 전개한다. 그 후에는 에너지가 서서히 떨어지고, 결국 새로운 제품이나 서비스의 마케팅 프로젝트로 대체된다. 하지만 알파세대와 Z세대가 이끌어가는 관심사 중심의 세상에서는 제품과 서비스들이 항상 마케팅을 준비하는 색다른 풍경이 펼쳐질 가능성이 높다.

왜 그럴까? 관심사에 따라 새로운 것이 발견될 수 있기 때문이다. 세상에 나온 시점에는 반응을 얻지 못했지만, 관심사가 주목되면 함께 판매되는 제품과 서비스들이 생겨날 수 있다. 그러므로 언제나 마케팅에 돌입할 준비가 되어 있어야 한다. 흔히 말하는 '역주행'이다. 그동안 역주행은 대부분 유튜브 알고리즘에 따라 발견되는 경우가 많았다. 어느 순간 우리도 모르는 사이에 좋은 결과를 내는 것이다.

물론 '시기'의 종말도 역주행과 전혀 관련이 없는 것은 아니다. 하지만 단순한 유튜브 알고리즘보다 알파세대와 Z세대의 취향에 따라 재발견될 수 있다는 점에서 약간의 차이가 있다. 과거에는 유튜브 알고리즘을 타고 재발견된 음악들이 차트에 오르며 큰 인기를 모았다. 하지만 지금은 숏폼 미디어의 챌린지 콘텐츠나 유튜브 영상을 보다가 자신의 취향에 맞아서 더 찾아보는 경우가 많다. 이것이 과거의 음악 콘텐츠를 재발견하는 계기다. 우연성보다 좀 더 필연에 기댄다고 보면 좋을 것이다.

관심사 중심의 트렌드 :
소비의 타이밍이 없다? ————————◇

또 다른 '시기'는 소비 시점이다. 우리는 소비에도 시기가 있다고 생각해 왔다. 이를테면 겨울에는 패딩을 사고, 여름에는 선풍기나 에어컨을 사는 것이다. 하지만 이런 고정관념은 알파세대와 Z세대 앞에서 사라지고 있다. 군이 시기에 얽매일 필요가 없다는 것이다.

이마트24는 6월에 크리스마스트리 예약을 받은 적이 있다. 편의점에서 대형 트리 예약을 받는 것도 흥미로운 일이지만, 한여름에 크리스마스트리를 파는 것도 매우 색다른 일이다. 이처럼 유통업계에서는 매년 역시즌 마케팅 시점을 앞당기고 있다. 스타벅스도 오히려 겨울에 아이스 음료 마케팅을 더 적극적으로 벌인다. '이사철'이라는 단어도 힘을 잃고 있다. 특정 시즌에만 벌이는 마케팅들이 서서히 사라지고 있는 추세다.

'얼죽아'는 정말 통하는 걸까?

스타벅스	1~2월 아이스 아메리카노 30~40% 매출 상승
할리스	1월 아이스 아메리카노 판매 비중 55%
컴포즈 커피	11~1월 아이스 아메리카노 매출 54% 상승

어쩌면 당연한 일이다. 알파세대와 Z세대의 관심사는 특정 시점과 연결되지 않기 때문이다. 계절에 맞지 않는 제품이라도 그냥 자신이 사고 싶을 때 사면 된다. 크리스마스트리를 꼭 12월에 사야 할까? 겨울에는 꼭 따뜻한 음료를 마셔야 할까? 내가 좋아하면 한겨울에도 아이스 음료를 마신다. 누군가가 정해 놓은 고정관념이나 기준에 집착하지 않는다. 그렇기 때문에 알파세대와 Z세대가 열어놓은 관심사의 세상에서는 우리가 의미 있다고 생각해 온 소비의 시기가 사라질 가능성이 높다.

크리스마스트리를 꼭 12월에 사야 하는
시대는 끝났다.
(출처 : 이마트24)

관심사 중심의 트렌드 :
소비공간의 제약이 사라진다 ──────◇

공간의 제약도 사라질 가능성이 높다. 여기서 공간이란 단순히 물리적인 공간과 거리를 뜻하는 것이 아니다. 이미 물리적 거리는 힘을 잃은 지 오래다. 온라인이나 가상공간이 충분히 역할을 하고 있기 때문이다. 여기서 말하는 것은 소비의 공간이다.

알파세대와 Z세대는 관심 있는 것을 사기 위해 어디라도 찾아간다. 맛있는 것, 꼭 갖고 싶은 것을 사기 위해 '오픈런'을 마다하지 않고 아무리 멀어도 거리를 따지지 않는다. 실제로 알파세대와 Z세대의 84%가 거리와 상관없이 오픈런이 가능하다고 답한 통계도 있다.

공간의 제약이 없다는 것은 바로 집 앞의 '근거리'를 뜻하기도 한다. 보통 근거리는 소비의 관심 밖에 있었다. 간단한 물건을 사는 것이라면 몰라도 근사한 소비를 집 앞에서 하지는 않는다. 그러나 알파세대와 Z세대는 조금 다르다. 그들은 근거리의 제약마저 해체해 버렸다. 바로 근거리 소비와 로코노미의 개념이다.

'근거리 소비'는 집 근처에서 소비한다는 뜻이고, '로코노미'는 지역 상권을 뜻한다. 알파세대와 Z세대는 집 앞에서는 간단한 물건만 산다는 고정관념에서 벗어나 자신들의 관심사를 찾아 나선다. 집 근처니까 아무거나 간편한 음식을 사 먹는다는 말은 통하지 않는다. 자신이 먹고 싶은 것을 토대로 가장 맛있는 식당을 집 근처에서 찾아낸다.

먹는 것뿐만이 아니다. 특정 취미가 있다면 기어코 집 근처에서 즐길 수 있는 상점이나 공간을 찾아낸다. 근거리에서도 자신들의 취향을 기반으로 기꺼이 소비의 선택지를 만들어 내는 것이다. 그리고 이 선택지를 SNS에 공유하거나, 자신만의 '핫플'로 소비한다. 방법은 조금 다를 수 있겠지만, 근거리도 입체적으로 만드는 것이 가능한 세대다.

관심사 중심의 트렌드가 바꿀 소비의 흐름 ─────◇

앞으로 알파세대와 Z세대가 열어갈 관심사의 세상은 어디에서도 소비가 가능한 환경이 조성될 것이다. 좀 더 쉽게 표현하자면, 번화가 중심의 오프라인 소비환경이 이제는 각각의 지역으로 분산된다는 것이다. 각자의 관심사에 맞는 소비환경을 찾아내는 과정에서 꽤나 근사한 로컬 기반의 이야기들이 쏟아져 나올 수 있다.

물론 사람들이 익히 알고 있는 번화가가 아예 사라지거나 상권의 존재감이 크게 감소하지는 않을 것이다. 하지만 매번 아는 곳만 가는 지배적 소비환경은 서서히 힘을 잃을 가능성이 높다. 각자의 관심사에 따라 집에서 가까운 장소를 방문하거나 아주 먼 거리도 마다하지 않고 기꺼이 이동하는 등 공간 제약이 해체되는 현상이 다양하게 일어날 것이다. 그래서 관심사가 중심인 세상은 과거보다 더 많은 핫플이 발견되고 공유되는 흥미로운 트렌드가 펼쳐질 것이다.

알파세대는 심지어 관심 있는 학용품을 사려고 온라인을 검색할 뿐 아니라 해당 제품을 판매하는 상점을 직접 찾아가기도 한다. Z세대도 자신만의 관심사를 충족하기 위한 소비에 더 많은 노력을 기울인다. 기업과 브랜드는 이러한 성향의 세대가 선택하는 '대상'이 되기 위해 더 많은 고민을 해야 할 것이다.

철저한 개인화, 알파세대는 '각자'를 본다

가성비 좋은 생활용품을 판매하는 공간은 누구에게나 환영받는다. 그래서 방대한 오프라인 매장을 가진 다이소가 많은 사람들에게 인기가 있다. 언젠가 다이소에서 눈길을 사로잡는 광경을 보았다. 문구 코너에 다이어리가 쭉 펼쳐져 있는 것이다. '아직도 일기를 쓰는 사람들이 많나 보네'라고 생각했다. 알파세대를 겨냥한 것 같은데, 아날로그 감성을 모르는 알파세대가 다이어리에 반응하기는 어려워 보였다. 그 이유를 생각해 보던 중 한 가지 단어가 생각났다. 다이어리 꾸미기를 뜻하는 '다꾸'였다. 그제야 다이어리가 그렇게 많이 나와 있는 이유를 알게 되었다.

결론부터 말하면 '개인화'다. 개인의 취향을 반영할 수 있는 기회를 주거나, 혹은 개인에게 저마다 다른 서비스와 상품을 제공하는 것이다. '다꾸'는 각각의 상품을 사서 자신의 취향대로 다이어리를 꾸미는 것이다. 사소하게는 스티커 하나부터 시작해, 좀 더 나아가서는 다이어리 속지까지 선택한다. 이런 개인화의 개념이 알파세대의 마음을 사로잡은 것이다. 그리고 이렇게 진행된 개인화는 알파세대의 특성을 공략하는 방법 중 하나다. Z세대도 이런 개인화 기조에 적극적으로 반응하고 있다.

개인화 방향성 :
생각과 취향 반영의 기회 제공 ————————◇

개인화에는 2가지 방향성이 있다. 첫 번째는 개인의 생각이나 취향을 반영할 수 있는 기회를 제공하는 것이다. 줄곧 강조하고 있는 관심사와도 연관된다. 다이어리를 꾸민다는 것 자체는 그리 대단한 것이 아니다. 하지만 작은 부분이라도 자신의 취향이나 관심사를 반영할 수 있다는 것은 꽤 의미 있는 일이다. 그래서 알파세대를 타깃으로 하는 제품이라면 개인 맞춤이 좋은 방향이 될 수 있다.

다이소는 소비자들이 직접 꾸미는데 사용가능한 아이템에 관심이 많다. (출처 : 아성다이소)

실제로 다이소는 다꾸, 폴꾸(폴라로이드 꾸미기) 등 알파세대가 자신들의 취향이나 관심사를 반영할 수 있는 제품들을 자주 내놓는다. 다이어리도 꾸미고, 폴라로이드도 자신이 좋아하는 방식으로 꾸밀 수 있는 라인업을 갖추고 있다. 다꾸와 더불어 폰꾸(핸드폰 꾸미기)도 상승세를 보이고 있다. 이처럼 자신의 취향에 따라 직접 꾸밀 수 있느냐의 여부가 알파세대의 소비에 큰 영향을 미친다.

개인화 방향성 :
서비스와 상품을 개인에게 맞추기 ——————◇

　두 번째는 서비스와 상품 자체를 각 개인에게 맞는 형태로 제공하는 것이다. 흔히 알고 있는 '오더메이드'와 연결된 개념이다. 주문하는 대로 만들어 주는 방식이 다른 다양한 분야까지 확대되었다. 이는 특히 자신의 관심사를 강조하는 알파세대와 Z세대에게 매우 중요한 개념이다. 공장에서 천편일률적으로 찍어낸 제품, 누구에게나 똑같이 적용되는 서비스보다 자신만을 위한 무언가를 선호한다. 하지만 주문제작 상품이 아닌 한 리스크도 크고 수익 면에서도 이득이 적기 때문에 개인화를 제품에 완벽하게 적용하기는 쉽지 않다.

　그래서 대부분 IT를 활용한 서비스 연계에서 개인화의 해답을 찾고 있다. 이때 방식은 크게 상관없다. 알파세대와 Z세대에게 철저한 개인화 과정을 선사하고 있다는 사실 자체가 더 중요하다. 각 개인의 특성을 살릴 수 없는 제품이나 서비스를 공급하고 있다면 생각을 전환해야 한다. 개인화가 부족한 상품과 서비스는 자연스럽게 도태될 가능성이 높다.

개인화에서 초개인화로 ───────────◇

알파세대를 겨냥한 교육업체들은 대부분 이런 개인화를 강조한다. 알파세대 자체도 개인화된 서비스에 익숙하고, 학부모인 밀레니얼세대도 자녀가 더 많은 관심 속에서 교육받기를 원한다. 하지만 불과 몇 년 전까지만 해도 교육서비스는 개인화 과정이 부족했다.

특히 개인마다 성취도가 다르기 때문에 똑같은 서비스로는 모두를 만족시키지 못했다. 성취도가 떨어지는 아이에게는 기초부터 탄탄히 쌓을 수 있는 과정을, 성취도가 높은 아이에게는 난이도 있는 문항을 제공해야 학습효과를 볼 수 있다. 학부모와 아이

왜 너만 봐야 하는 걸까? (출처 : 바인그룹)

모두에게 말이다. 이렇게 중요한 과제가 알파세대의 관심사를 만나 속도감 있게 진행되고 있다. 교육업계뿐만 아니라 다른 모든 업계에서도 개인화를 통해 알파세대와 Z세대를 공략하기 위해 노력하고 있다.

일찍부터 금융권은 알파세대의 고객들을 유치하기 위해 개인화를 넘어 초개인화를 제시하고 있다. 유통업계는 Z세대의 쇼핑 욕구를 자극하기 위해 개인화된 추천서비스를 강화하고 있다. 여기에 식단 등 생활서비스까지 개인화되는 모습을 보이고 있다.

아워홈은 개인별 건강 맞춤 정기구독 서비스를 제공하고 있는데, 이는 건강 진단 데이터와 라이프로그(Lifelog, 일상생활 디지털 기록)를 기반으로 한 구독형 개인 맞춤 헬스케어 프로그램이다.

늘 꿈꾸던 식단의 개인화는 이미 이루어지고 있다. (출처 : 아워홈)

구독 신청을 하면 약정된 기간 동안 개인별 맞춤 식단과 함께 다양한 건강 콘텐츠 서비스를 제공한다. 데이터를 기반으로 개인의 건강 정보를 분석하고, 이를 통해 각 개인에게 꼭 맞는 식단을 구현하는 형식이다. 앞으로 관심사와 취향까지 반영할 수 있는 방향으로 더 많이 확장된다면, 알파세대와 Z세대는 자신들에게 꼭 맞는 서비스를 계속 구독할 것이다.

개인화 트렌드의 이유, 본질적 기준인 '나'를 생각하라 ◇

알파세대와 Z세대는 왜 이렇게 개인화에 집중하는 것일까? 답은 간단하다. 이들은 자신에게 집중하는 소비를 하고 싶어 하기 때문이다. 왜 내 돈을 써가며 남의 취향에 맞는 제품을 사야 하는가? 왜 내 돈을 써가며 다른 사람들의 기준에 맞춰진 서비스를 이용해야 하는가? 애초에 그럴 마음도 없고, 자신의 돈을 의미 없이 허비할 생각도 없다.

이런 점에서 개인화는 알파세대와 Z세대의 소비욕구를 자극하고, 만족도를 끌어올릴 수 있는 가장 좋은 방식이다. 그리고 그 배경에는 관심사에 집중하는 알파세대와 Z세대의 특성이 자리 잡고 있다.

개인화라는 단어를 너무 어렵게 생각할 필요는 없다. 작은 아이디어가 개인화를 만드는 시작이 될 수도 있다. 카카오뱅크는 알파세대를 상대로 '미니생활'이라는 서비스를 진행하고 있다. 여기에는 간단하지만 재미있는 기능이 있다. 대표적인 것이 학교 급식표와 시간표이다. 카카오뱅크 앱에서 사용자의 학교를 등록하면 주차별 급식 메뉴와 칼로리, 시간표를 확인할 수 있다. 급식표에서 좋아하는 식단과 새로운 식단 알림도 받을 수 있다. 좋아하는 식단을 등록하면 해당 메뉴가 급식에 포함된 날 오전 7시에 알

작은 아이디어의 시작이 개인화를 도출할 수 있다. (출처 : 카카오뱅크)

림을 받는다. 각자 학교의 정보를 제공한다는 점에서 개인화가 잘 되어 있고, 소소한 급식의 즐거움도 누릴 수 있다. 이처럼 작은 개인화 서비스에서 생각보다 더 좋은 결과물이 도출될 수 있다.

알파세대는 관심사에 따른 개인화에 반응할 것이고, 이는 Z세대도 마찬가지이다. 작은 부분부터 시작하는 개인화로 알파세대와 Z세대의 트렌드를 읽어보자.

Part 3

선택적 집중력,
관심의 최대치

남의 이야기에 왜 집중해야 하나요?

우리는 내 이야기보다 타인의 이야기에 더 많은 관심을 가진다. 이것은 경청과는 조금 다른 개념이다. 타인의 이야기를 진지하게 듣고 반응하는 경청은 인간관계에서 반드시 필요한 덕목이다. 하지만 굳이 경청할 필요가 없는 이야기까지 집중해야 할까? 이를테면 남이 무엇을 샀고 어디에 갔는지와 같은 시시콜콜한 이야기 말이다. 그러다 보면 끊임없이 남과 비교하게 된다.

흥미롭게도 알파세대와 Z세대는 경청의 범위를 잘 알고 있다. 굳이 듣지 않아도 될 이야기에는 집중하지 않는다. 일명 '남의 이야기'다. 알파세대는 남의 이야기를 잘 들으려 하지 않는다. 경청의 자세가 없다는 뜻이 아니다. 취사선택을 매우 잘하고 있다는 뜻이다. 그렇다면 알파세대가 딱히 관심 없는 남의 이야기에는 어떤 것들이 있을까?

남의 기준은 그야말로 '남의 기준' ———————✧

첫 번째는 '남의 기준'이다. 이 부분은 알파세대를 이해하는 데 매우 중요한 요소 중 하나로, 뒤에 이어지는 '나의 기준, 성공을 바라보는 시선이 바뀌다'에서 자세히 설명할 것이다. 간단히 말하면 남이 만들어 놓은 기준이다. '이 정도'면 잘된 것이고, '이 정도'면 충분하다고 판단하는 기준을 말한다. MZ세대도 이러한 남의 기준을 딱히 반가워하지 않지만, 알파세대는 거부감이 매우 큰 세대이다.

'남의 가치'에 관심 없는 알파세대 ———————✧

두 번째는 '남의 가치'다. 저마다 나름의 가치를 가지고 있다. 선호도와 중요도 같은 것들이다. A라는 사람은 C브랜드를 좋아하고, B라는 사람은 D브랜드를 좋아한다. 그런데 A가 B의 기준을 따라서 D브랜드를 좋아할 필요가 있을까? 아니다. A와 B는 각자의 가치에 따라 선호도를 결정하면 된다. 상대방이 좋아하는 것은 '남의 가치'일 뿐이다.

과거의 세대들은 이 선호도조차 세뇌당하는 경우가 많았다. 특정 가치를 선호해야 유행을 따라가는 것이고, 그렇지 않으면 뒤처지는 것처럼 인식했다. 그래서 딱히 원하지 않아도 남의 가치를 따라갔고, 그러한 현상이 심각한 사회문제가 되기도 했다. 하지만 알파세대는 다르다. 남의 가치는 그냥 남의 이야기일 뿐이다. 자신만의 이야기를 탄탄하게 만들어가는 알파세대에게 남의 가치를 이야기하는 것은 '강요'일 뿐이다.

남의 소비는 '남의 소비'일 뿐

세 번째는 '남의 소비'다. '타인이 특정 제품이나 서비스를 사면 나도 사야 한다'는 개념 자체가 알파세대에게는 없다. 한때는 학생들 전체가 대세를 따르던 때가 있었다. 유행에 따라 대세가 형성되면 천편일률적인 스타일이 만들어지곤 했다. 많은 사람들이 선택했으니 나도 사야 한다는 강박관념에 타인의 소비 행태를 그대로 따라 하는 현상들이 나타났다.

하지만 알파세대는 조금 다르다. 자기의 관심사가 아닌 것에는 굳이 신경 쓰지 않는다. 타인이 특정 아이템을 샀다고 해서 나도 사야 한다는 생각을 하지 않는다. 차라리 이런 욕심은 관심사 쪽으로 움직인다. 그러니 누구나 하나쯤은 다 가지고 있어야 하는 아이템과 히트상품이 알파세대에게는 없는 경우가 많다. 소비에서 지배적 현상이 나타나지 않는다는 것이다.

Z세대도 상당히 유사한 움직임을 보인다. 20대들이 관심을 많이 보이는 상점 중 하나가 바로 '편집숍'이다. 우리가 잘 아는 브랜드나 명품을 조금 벗어나 저렴하지만 자신에게 잘 어울리는 색다른 제품들을 찾아내는 즐거움이 있다. 그래서 특색 있는 소비를 하고 싶어 하는 Z세대들이 관심을 가지고, 심지어 마니아들이 좋아하는 편집숍까지 생겨나고 있다.

알파세대는 브랜드를 중요하게 생각하지 않는다. 입어보고 자신에게 가장 잘 어울리는 제품이면 된다. 물론 명품 브랜드에 이끌리는 경우도 있고, 인기 브랜드를 소비하기도 한다. 하지만 편집숍의 성장은 지배적 현상이 사라진 소비 트렌드를 잘 보여준다. 알파세대와 Z세대에게 중요한 것은 결국 자신이다. 남의 소비기준보다 자신에게 가장 효용성이 높은 소비를 추구한다.

이런 트렌드의 변화는 부모들에게도 참 좋은 소식이다. 과거에

일명 '등골 브레이커'로 불리며 부모들을 괴롭혔던 소비 아이템들은 더 이상 등장하지 않을 가능성이 높다. 어쩌면 기업과 브랜드는 '대세'라는 이름으로 포장할 명분이 사라져서 아쉬울 수도 있다. 하지만 알파세대가 보여주는 새로운 특징을 받아들이고 적응해야 한다. 과거보다 좀 더 치밀한 브랜딩 전략을 구사하며, 좀 더 명확한 메시지를 전달해야 한다.

트렌드의 변화를 정확히 이해하기 위해서는 '강요'가 사라져야한다. 그동안 우리는 강요의 시대에 살았다. 대세를 강요당하고, 소비를 통해 무리에 들어가도록 강요당했다. 그것을 따르지 않는 사람들은 암묵적으로 내쳐졌다. 또래집단에서는 이런 현상이 더 심했다. 그래서 어쩔 수 없이 강요를 받아들일 수밖에 없었다.

알파세대는 강요의 문화를 현명하게 물리쳤다. 나 자신이 훨씬 더 중요하다는 신념으로 말이다. 알파세대가 남의 이야기에 집중하지 않는 것은 긍정적이고 희망적인 현상이다. 경청의 미덕과 관련 없는 남의 이야기는 듣지 않는 편이 자신의 정체성을 세우기에 더 좋기 때문이다.

알파세대가 추구하는 '발견'의 재미   ──────── ◇

남의 이야기보다 자신의 이야기를 내세우는 알파세대의 특징은 '발견'의 재미를 추구하는 방향으로 나아갈 가능성이 높다. 로컬의 발견, 나에게 어울리는 제품이나 서비스를 찾다가 우연히 만난 새로운 브랜드, SNS와 연계된 색다른 온라인 커머스의 발견 등이다. 이렇게 만난 나만의 소비를 통해 만족감은 더 커지고, SNS에 인증하며 '나만 알고 싶은' 브랜드와 맛집을 공유하는 즐거움도 누린다.

엄밀히 말하면 '나만 알고 싶다'는 말은 정확한 표현이 아니다. 내가 먼저 알아냈으니 내가 제일 먼저 세상에 알리고 싶다는 뜻이다. 내가 가장 먼저 이야깃거리를 제공하고, 이곳에 방문하는 사람들과 소통하고 싶다는 뜻이다. 어쨌든 나만 아는 브랜드, 장소 혹은 아이디어를 공유하고 싶어 하는 성향이다. 그래서 각종 인증을 부르는 히든 스팟이 자꾸 늘어난다.

알파세대와 Z세대를 겨냥한 공모전은 콘텐츠가 상당히 다양하다. 단순한 공모전이 아니다. 아이디어 혹은 감각의 공유라고 볼 수 있다. 과거에는 브랜드나 기관의 메시지를 표현하는 방식을 요구했다면, 이제는 각자의 이야기와 센스를 표현하는 방식으로 바뀌었다. GS25는 자신들과 연관된 재미있는 추억, 편의점 상상화

나만의 생각을 밖으로 드러낼 수 있는 기회를 제공한 GS25 (출처 : GS25)

그리기, 상품 홍보 영상 제작, 편의점 상품 및 마케팅 기획 등 다양한 분야로 공모전을 진행했다. 당연히 핵심 타깃은 알파세대와 Z세대이다.

보상과 당위성의 조합 ───────────◇

이들은 '남의 이야기'에는 관심이 없지만, 내 이야기를 공유하는 것에는 익숙하다. 뉴미디어의 발달과 함께 SNS와 유튜브에 숱

하게 나의 이야기를 공유하며 소통하는 즐거움을 이미 온몸으로 느껴봤던 세대이기 때문이다. 그래서 이런 즐거움을 누릴 수 있는 방법도 너무나 잘 안다. 내 이야기를 표출할 기회만 있다면 무엇이든 반응하는 세대다. 공모전뿐만 아니라 알파세대와 Z세대의 움직임을 이끌어 낼 수 있는 '동력'을 가진 수많은 마케팅 프로젝트를 생각해 봐야 하는 이유다.

이들은 남의 이야기를 바탕으로 나를 생각하는 것을 싫어한다. 따라서 브랜드는 자신들과 연관된 수많은 이야기들을 유도할 수 있는 방식을 끊임없이 고민해야 한다. 다만 이 성향은 '보상'만으로 이끌어 낼 수 없다. 보상도 중요하지만 이야기를 꺼내야 하는 당위성을 알려주어야 한다. 이를테면 알파세대와 Z세대의 색다른 생각들을 존중한다는 메시지를 전달하는 것도 좋은 방법이다.

'반갈샷'이 매출로 이어진 이유

예나 지금이나 무언가에 집중하는 것은 좋은 일이다. 기성세대가 학교 다니던 시절에는 주로 공부에 집중하라는 표현이 지배적이었다. 하지만 요즘은 조금 달라졌다. 집중할 주제도 많고, 집중을 통해 더 다양한 결과를 만들어 낸다. 집중이라는 단어가 조금 더 대중화되었다고 할 수 있다.

알파세대는 남의 이야기에 집중하지 않는다고 했다. 그렇다면 이들의 집중을 무엇으로 어떻게 끌어내야 할까? 알파세대의 성향을 통해 그들이 무언가에 집중하는 방식을 알아보자.

알파세대의 집중은 SNS와 큰 연관성이 있다. 여기서 SNS란 이들이 활동하는 커뮤니티까지 모두 포괄하는 개념이다. 밥을 먹기 전에 가장 먼저 해야 할 일이 무엇인가? 감사의 기도? 손 씻기? 아니면 메뉴에 대한 감탄? 다 틀렸다. 가장 먼저 해야 할 일은 사진 찍기다. 사진을 찍어서 '요즘 먹방 기록'으로 SNS에 올려야 한다. 알파세대는 이런 과정에 매우 집중한다. 물론 Z세대와 밀레니얼세대도 SNS에 사진을 공유한다. 하지만 알파세대는 SNS 생활에 좀 더 집중한다. 깜빡 잊으면 큰일 날 것처럼 말이다.

SNS 콘텐츠 업로드로
자신을 표현하는 알파세대 ——————◇

도대체 알파세대는 왜 이렇게 콘텐츠를 공유하는 데 집중하는 걸까? 인생네컷을 찍으러 가서도 사진과 영상을 공유하고, 포토 스팟에 가면 정신없이 사진 찍느라 바쁘다. 이처럼 알파세대가 SNS 콘텐츠에 집중하는 이유는 자신들의 이야기를 할 수 있는 수단이기 때문이다.

힙합에 관심 있는 사람이 자신을 표현하고 싶다면 어떻게 할까? 머리부터 발끝까지 힙합 스타일로 코디를 하고, 힙합 음악을 즐겨 듣는 방식으로 자신의 관심사를 표현할 것이다. 여기에 더해 SNS에 힙합 음악을 추천하거나, 힙합과 연관된 콘텐츠를 꾸준히 올린다. 해당 계정을 본 사람들은 누구나 이 사람이 힙합에 관심 있다는 것을 알 수 있다. 이처럼 알파세대에게 SNS는 단순히 하나의 계정이 아니라, 스스로를 표현하는 방식이다.

물론 과거의 세대들도 각자 자신들을 표현하는 방식이 있었다. 힙한 옷을 입고 강남역을 걸어 다니기도 했고, PC통신과 싸이월드에서 아바타를 만들어 소통하기도 했다. 이들 모두 각각의 방식으로 많은 사람들과 함께할 수 있는 방식을 선택한 것이다.

지금의 알파세대는 SNS 공간이 많은 사람들과 함께하며 자신을 표현할 수 있는 곳이라고 확신한다. 그만큼 대중적이며, 수많은 사람들이 사용하고 있는 플랫폼이기 때문이다.

이런 점에서 알파세대에게 SNS는 단순히 과시의 공간이라고 보기 어렵다. 타인에게 자랑하기 위해 사진과 영상을 찍어 공유하는 행위도 해당 콘텐츠에 등장한 제품을 가지고 자신을 표현하는 것이다. 타인이 자신을 이해해 주길 바라는 방식으로 SNS를 끌고 가기 때문이다. 설령 자기과시를 위해 업로드했더라도 그 아이템을 통해 자신이 인식되길 바라는 것이다. 이처럼 알파세대는 SNS를 단순한 뉴미디어가 아니라 자신들의 표현 창구로 사용하고 있다. 최근 알파세대 사이에서 유행하고 있는 틱톡 등 숏폼 플랫폼도 마찬가지다.

비주얼 폭발에 열광하는 세대 ——————— ✦

이런 알파세대의 성향을 간파한 트렌드가 바로 '반갈샷'이다. 빵을 반으로 갈라 인증하는 것이다. 편의점과 마트에서 판매하는 빵 제품 중, 반으로 갈랐을 때 내용물이 풍부하게 보이는 제품들은 어김없이 SNS에 인증이 이어졌다. 누가 봐도 먹음직스러워 보이는 비주얼에 알파세대가 반응해 사진을 찍기 시작한 것이다. 누가 시킨 것도 아닌데, 자신의 소비를 통해 스스로를 말하고 싶은 알파세대는 알아서 자발적인 인증을 이어가기 시작했다. 덕분에 해당 빵은 입소문을 타고 트렌드를 선도하는 제품으로 평가받았다.

알파세대는 SNS로 자신의 이야기를 하는 것에 집중한다. 먹음직스러운 빵을 인증하며 자신의 하루를 보여주고, 사람들의 반응이 이어지는 것을 보며 즐거움을 느낀다.

비주얼의 힘

홈플러스 생크림폭탄단팥빵	1분마다 6개씩 판매
CU 연세우유 크림빵	디저트 매출증가율 120.6% 상승 견인
이마트24 단팥크림빵	디저트 매출증가율 337% 상승 견인
세븐일레븐 크림빵	디저트 매출 1위

빵을 반으로 갈랐을 때 내용물이 풍부한 제품들은 어김없이 알파세대의 선택을 받았다.
(출처 : 홈플러스)

디지털에 대한 놀라운 집중력 ─────────◇

또 다른 집중의 원천은 디지털이다. 너무 익숙해서 대부분의 사람들이 놓치고 있는 부분이다. 알파세대는 디지털 기기, 디지털 환경 등 자신들이 익숙하게 경험해 온 매체에 가장 집중한다. 예를 들어 노트 필기보다 태블릿에 필기하는 것이 더 익숙하다. 이 부분은 Z세대도 마찬가지지만, 앞으로 알파세대가 성장하면 종이 노트를 제치고 태블릿이 필기의 기준이 될 것으로 보인다.

이들은 디지털 기기를 활용한 온라인 수업에 익숙하다. 어릴 때부터 이런 교육 매체를 접해 왔고, 코로나19 기간 동안 비대면 수업을 했다. 그러니 적응과 집중도는 최상이라고 할 수 있다. 밀레니얼세대는 온라인 수업이 많지 않았고, 그 자체가 익숙하지 않았기에 집중력이 많이 떨어졌다. 하지만 Z세대부터는 조금씩 적응도가 상승했고, 알파세대는 아주 높은 적응력과 집중력을 보였다. 이들은 오프라인 수업만큼이나 온라인 환경에서 벌어지는 1:1, 혹은 실시간 교육 활동에 잘 참여한다. 이것은 앞으로 교육과 콘텐츠 시장에서 시사하는 바가 크다.

이들은 또 온라인을 통한 소통에도 활발하다. 카카오톡뿐만 아니라 페이스북 인스턴트 메신저, 인스타그램 다이렉트 메시지, 게임이나 엔터테인먼트 활동을 위한 디스코드 등 다양한 매체를 자유자재로 활용한다. 본인들이 선도해서 활용하다 보니 집중도가 매우 뛰어나다. 이뿐만이 아니다. 아무리 온라인에 익숙하다 해도 모바일 환경에서 오래 집중하기는 쉬운 일이 아닌데, 알파세대는 오히려 디지털 환경의 상징이라고 할 수 있는 모바일에 더 집중한다. 이러한 알파세대와 소통하기 위해서는 디지털에 대한 이해도가 높아야 한다.

유일한 기준, 모바일 ──────── ◇

　미국에는 그린라이트라는 서비스가 있다. 한 달 이용료를 내면 최대 다섯 자녀를 위한 모바일 직불카드를 발급해 주고, 지출관리 서비스를 제공한다. 부모와 자녀 모두 각자의 스마트폰에 그린라이트 앱을 설치한다. 앱을 통해 부모는 자녀 카드에 돈을 넣어주고, 자녀는 이 돈으로 저축하거나 물건을 사거나 주식 투자도 할 수 있다. 알파세대를 겨냥한 이 스타트업의 기준은 모바일이다. 모바일은 이제 디지털 환경의 중심이 되었고, 알파세대가

알파세대를 겨냥한 스타트업들의 기준은 모두 디지털과 모바일이다. (출처 : 그린라이트)

디지털 환경에서 집중력이 좋다는 점을 놓치지 않은 것이다.

우리는 알파세대가 집중하는 방식을 이해하고, 그들의 집중력을 최대한 끌어내기 위해 노력해야 한다. 결국 집중해야 오래 머물면서 돈을 쓰기 때문이다.

나의 기준, 성공을 바라보는 시선이 바뀌다

공부를 열심히 해서 좋은 대학을 가고, 좋은 직장에 들어가면 성공하는 줄 알았다. 어릴 때는 정말 막연히 그렇게 느꼈다. 확신은 없었지만 학교에서 항상 이런 이야기를 반복적으로 듣다 보니 당연한 사실로 받아들인 것이다. 나를 포함한 밀레니얼세대들은 중고등학교 시절에 꿈이나 목표보다 좋은 대학을 가야 한다는 이야기를 훨씬 더 많이 들었다. 그래서 자연스럽게 대학 진학을 목표로 삼았다.

학교에서 그렇게 가르치니, 나름 열심히 공부할 수밖에 없었다. 하지만 나의 목표나 꿈을 위한 공부가 아니었다. 그저 좋은 대학에 들어가는 것이 목표였다. 그래서 우리는 무엇을 위해 공부하는지도 모른 채 입시 준비에만 매달렸다.

알파세대에게 이런 이야기를 들려주면 어떤 반응을 보일까? 그리고 부모세대가 사회적으로 학습해 온 성공의 기준을 들려주면 어떻게 생각할까? 아마도 고개를 갸웃할 것이다. 알파세대는 우리가 꽤 오랫동안 옳다고 여겨온 성공의 기준들에 동의하지 않기 때문이다.

알파세대의 성공은
자신의 기준으로부터 ——————◇

알파세대는 성공을 자신만의 기준으로 바라본다. 자신이 하고 싶은 일을 하고, 원하는 목표를 이루고, 돈을 벌 수 있는 방법들을 고민해서 실행하고, 이를 통해 자신의 삶을 발전시켜 나가면 충분히 성공했다고 느낀다. 꼭 좋은 대학을 가고, 좋은 직장에 들어가야 성공하는 게 아니라는 것이다. 왜 이렇게 성공의 기준이 바뀐 걸까?

알파세대는 눈에 띄게 성공을 거두는 사람들이 소수라는 사실을 어릴 때부터 인지하고 있었다. 뉴미디어를 통해 수많은 정보를 접하고, 자신들의 주변 사람들을 봐왔기 때문이다. 그러다 보니 자신들을 둘러싸고 있는 경제적·사회적 환경을 과거의 세대들보다 훨씬 더 객관적으로 인식하고 있다. 흔히 말하는 성공의 기준들이 오류일 수도 있으며, 그 기준에 도달하지 못하는 사람들이 더 많다는 것을 잘 알고 있다.

알파세대들이 경제적 호황기에 성장했다면 조금은 달라졌을지 모른다. 하지만 알파세대를 둘러싼 단어들은 팬데믹, 불황, 고물가 등 대체로 부정적인 이슈가 많다. 그들은 어른들이 말하는 성공의 기준에 이르기가 녹록지 않다는 것을 이미 알고 있다. 물론 알파세대가 염세주의자는 아니다. 세속적인 성공이라는 것이 의미 없고, 덧없다고 생각하지 않는다. 하지만 최소한 그 기준들에 의문을 던지기 시작했고, 그래서 무조건적으로 따를 수 없는 것이다.

게다가 알파세대는 타인의 기준을 무작정 받아들이지 않는다. 흔히 말하는 성공의 기준도 결국 남의 이야기다. 그래서 알파세대는 위인전이나 성공담을 그다지 좋아하지 않는다. 알파세대에게 타인의 성공담은 그저 '그 사람'의 이야기일 뿐이다. 환경도 다르고, 사람도 다른데 똑같이 적용할 수 없다. 그래서 성공한 사람들이 만들어 놓은 기준에 동의하지 않고, 깊이 생각하지 않는다. 대신 각자 생각하는 성공의 기준을 더 많이 고민한다.

학생은 학교에 다녀야 한다?　————◆

2019년 〈타임〉지 올해의 인물로 선정되었던 그레타 툰베리는 당시 10대였다. 2003년생으로 Z세대에 가깝지만 한창 사회적으로 자신의 목소리를 내기 시작하던 때는 지금의 알파세대 나이대였다. 그레타 툰베리는 기후변화에 대응하기 위한 행동을 촉구하며, 일명 '결석 시위'를 진행했다. 기후변화 법안을 마련해야 한다는 신념을 전달하기 위해 자신만의 방식을 택한 것이다.

우리가 흔히 알아온 '성공기준'에 따르면 그레타 툰베리는 인정받기 어렵다. 일단 학교에 잘 다니며 열심히 공부해야 하는데 결석 시위를 통해 학교라는 공간을 벗어나는 모습을 자주 보였다. 게다가 학생은 당연히 학교에 가야 한다는 원칙도 저버렸다. 그렇다면 알파세대가 볼 때 그레타 툰베리는 이상한 친구일까? 전혀 아니다.

그레타 툰베리가 〈타임〉지 올해의 인물에 선정되었던 2019년, 전 세계는 한창 성장 중인 알파세대들의 영향력을 조명하며 새로운 세대에 대한 담론을 내놓았다. 그만큼 그레타 툰베리는 세상을 놀라게 할 만한 깨우침을 전달한 것이다. 이런 점에서 그레타 툰베리는 성공했다. 기존의 성공 개념과 남의 기준 대신, 자신의 성공기준을 따르면서 말이다.

결석 시위를 진행한 그레타 툰베리를 알파세대는 어떻게 이해할까? (출처 : 진진)

성공의 기준이
다양해지고 있다 ────────◇

　이제 성공의 기준이 다양해지고 있다. 자신의 뜻을 정확하게 알리는 것도 성공이고, 자신이 계획한 대로 실행해 돈을 버는 것도 성공이다. 소위 '밥먹고 사는 일'만 잘 해결해도 충분히 성공했다고 볼 수 있다. 이처럼 자신의 삶에 대한 책임과 만족감으로 성공의 기준이 이동하고 있다.

　알파세대는 장래 희망으로 '유튜버'를 가장 많이 꼽는다는 통계가 있다. 우리나라만 그런 것이 아니다. 아이들이 유튜버를 꿈꾸는 것은 전 세계적인 추세이다. 성공한 유튜버를 많이 봐왔기 때문이 아니다. 돈을 많이 벌 것 같아서도 아니다. 자신만의 이야기를 들려주면서 먹고사는 문제를 해결해 나갈 수 있기 때문이다. 그런 기준에서 유튜버는 충분히 성공한 사람들이다.

　알파세대도 유튜버들이 콘텐츠에 따라 수익 차이가 크다는 것을 잘 알고 있다. 그래서 그저 돈을 많이 벌 것이라는 환상에서 이미 벗어난 상태이다. 그럼에도 유튜버를 꿈꾼다는 것은 다양해진 성공의 기준 속에서 유튜버를 바라본다는 의미다.

알파세대에게 성공의 기준을 강요하지 마라 ──────◇

알파세대에게 성공의 기준을 강요하는 것은 애초에 불가능한 일이다. 이미 알파세대가 마주하고 있는 트렌드는 기성세대, 밀레니얼세대, 그리고 Z세대가 경험한 것과 전혀 다르다. 성공을 바라보는 다양한 시선을 이해하고, 알파세대가 가장 잘할 수 있는 일들을 할 수 있도록 돕는 것이 성공의 공식이 될 것이다. 모든 정보를 주입할 필요는 없다. 알파세대는 자신의 성공이 걸린 주제라는 확신이 들면 알아서 모든 걸 찾아낼 것이다.

알파세대는 성공을 향한 자아를 빨리 찾는다? ──────◇

한 가지 더 알아야 할 것은, 알파세대는 좀 더 빠르게 돈을 버는 세대라는 점이다. 그만큼 성공을 위한 자아실현이 빠르다고 할 수 있다. 유튜브에는 '10대 창업'이라는 키워드를 가진 콘텐츠가 꽤 많다. 스티커나 마스킹 테이프 혹은 기타 문구류들을 직접 만들어 판매하고 수익을 낸다. 단순한 일이지만, 알파세대에게는 이

것이 창업이다.

의문을 제기하는 사람도 많을 것이다. 이걸로 평생 먹고살지도 못할 텐데, 과연 성공을 위한 걸음이라고 볼 수 있을까? 하지만 반문해 보자. 과거의 세대는 10대 때 이만큼 생산적인 생각을 할 수 있었는가? 누군가를 탓하는 게 아니다. 과거의 세대는 의지가 있어도 정보가 부족해서 실천하지 못했다.

하지만 시시각각 늘어나는 정보를 실시간 활용할 수 있는 알파세대는 의지를 현실로 만들 가능성이 매우 높다. 스스로 간단한 수익을 낼 방법을 얼마든지 찾을 수 있다. 평생 할 수 있는 일이어야 할 필요도 없다. 스스로 성공의 기준을 세우고 빠르게 움직일 수 있다는 것이 핵심이다.

이처럼 알파세대는 자신이 설정한 새로운 성공기준을 바탕으로 자아실현을 추구한다. 강요하지 않아도, 알아서 잘해 나갈 수 있는 세대이다. 그만큼 성공의 기준을 다채롭게 이해하는 것이 알파세대와 소통하는 하나의 방법이다. 나름의 성공기준을 세우는 것이 꽤 멋지지 않은가. 알파세대를 응원하면서 그들이 내세우는 새로운 기준을 이해해 보자.

편의점에서 왜 캐릭터 완구를 팔까?

알파세대에 대한 논의를 시작하면서 만난 밀레니얼세대 부모들이 공통적으로 하는 말이 있었다.

"아이가 집중을 잘 못하는 것 같은데, 어떻게 해야 하나요?"

나는 아동심리학자가 아니다. 그래서 정확한 해답을 제시할 수는 없었지만 생각할 부분이 많은 질문이다. 스마트폰의 등장으로 집중력이 떨어진다는 것은 아이들에게 중요한 문제이다. 어릴 때부터 직관적인 전자기기에 익숙하다 보니 집중하기가 더 어렵다. 심지어 SNS 콘텐츠에 집중하는 시간이 2초에 불과하다는 통계도 있다. 자녀의 학업을 생각하면 당연한 걱정이다. 나는 부모들에게 이렇게 질문해 보았다.

"자녀들이 일상에서 집중하는 것이 하나도 없나요?"

집중하는 것이 하나쯤은 있을 것이다. 하다못해 게임이라도 말이다. 알파세대는 집중력이 떨어지는 게 아니라 관심 있는 것에만 집중한다. 이러한 현상을 '선택적 집중력'이라고 말한다. 스스로 집중해야 할 부분들을 선택하는 것이다. 단지 이 선택지에 공부가 들어 있지 않으니 부모들이 걱정하는 것이다. 하지만 집중해야 할 선택지에 스스로 공부를 넣었던 세대는 그 어느 때도 없었다. 어쩌면 자연스러운 현상이다.

그렇다면 이들이 선택적 집중을 하는 이유가 뭘까? 기성세대와 밀레니얼세대는 싫어도 해야 할 것들을 챙겼다. 한마디로 최소한의 '눈치'는 보는 세대였다. Z세대는 조금 덜하지만 그래도 아예 눈치를 안 보는 것은 아니었다. 하지만 알파세대는 눈치에 대한 개념이 없다. 부모는 눈치를 봐야 할 대상이 아니라, 소통해야 할 존재이다. 사회적 기준 역시 단순한 기준 중 하나일 뿐, 꼭 따라야 할 가치는 아니다. 그러니 의무적으로 무언가를 해야 한다는 생각을 하지 않는다.

이들은 눈치를 보거나 남들의 기준에 맞춰야 하는 것들에는 아예 관심을 두지 않는다. 선택적 집중이란 선택적으로 집중하지 않는다는 의미이기도 하다. 더구나 알파세대는 의무적으로 해야 하는 행동이라도 자신에게 꼭 필요하지 않은 것이라면 신경 쓰지 않는다. 이러한 경향은 생각보다 많은 부분에 영향을 주는데, 이에 대해 살펴보자.

우리가 소통하는 공간은
우리가 만든다 ─────── ✧

먼저 자발적 공간 형성이다. 자신이 원하는 이야기를 하기 위해 각종 뉴미디어에 직접 공간을 만든다. 기존에 같은 주제로 운영되고 있는 커뮤니티나 카페가 있어도 이를 활용하지 않고 자신이 중심이 되어 새로운 공간을 형성한다. 관심사에 적극적인 알파세대의 성향이 잘 드러나는 부분이다. 자신이 직접 운영해야 하는 부담감도 있고, 시간이 많이 걸리는 일인데도 과감하게 도전한다.

밀레니얼세대와 기성세대들은 온라인상의 소통 공간이라고 하면 흔히 인터넷 '카페'를 떠올린다. 포털사이트에서 제공하는 카페는 소통과 정보 공유, 마케팅의 기능을 수행하는 공간이다. 하지만 알파세대는 메신저나 SNS에 커뮤니티를 형성하며 인터넷 카페와 차별화하고 있다. 사실 메신저나 SNS 커뮤니티는 기성세대가 접근하기 쉽지 않다. 따라서 해당 공간에 공감하는 세대는 알파세대와 Z세대가 대부분이라고 봐도 무방할 것이다.

기성세대가 즐겨 사용하는 인터넷 카페는 대부분 '등업' 시스템이 있다. 등급 업그레이드를 뜻하는데, 일정 기준이 충족되어야 글을 읽거나 쓸 수 있다. 이를테면 게시글이나 댓글을 어느 정도 작성해야 등급이 올라가고 본격적으로 소통할 수 있다. 이는 허가받지 않은 광고글을 남기고 탈퇴하는 것을 방지하기 위해서인데, 이러한 방식이 알파세대에게는 생각보다 높은 허들로 작용하는 것으로 보인다.

선택적 집중력이 강한 알파세대는 관심사와 관련된 소통에만 집중한다. 이런 점에서 크게 도움이 될 것 같지도 않은 카페의 등업 기준은 알파세대를 지치게 만든다. 그래서 인터넷 카페가 알파세대에게 외면받는 것이고, Z세대에게도 접근성이 떨어지는 것이다.

포털들은 이러한 알파세대와 Z세대를 위해 등업이나 기타 조건들이 필요 없는 오픈형 커뮤니티를 꾸준히 실험하고 있다. 좋은 변화이기는 하지만 이미 뉴미디어가 존재하는 상황에서 쉽지 않은 도전이 될 것이다.

알파세대가 덕후 문화를 이끈다?　　　　　　　──────◇

또 다른 영향은 '덕후' 문화의 발전이다. 덕후란 한 가지에 몰입하는 사람들을 말하고, 한 가지 취미에 몰두해서 즐기는 것을 덕질이라 부른다.

알파세대는 자신이 관심 있는 것에는 매우 높은 집중력을 보인다. 덕후가 양산될 수 있는 세대라는 것이다. 이는 곧 특정 브랜드와 제품에 열정적으로 반응하는 소비층이 될 가능성이 높다는 뜻이다. 덕후와 마니아들은 적극적인 소비성향을 보인다는 점에 주목해야 한다.

유통업계가 크게 신경 쓰고 있는 분야는 의외로 '캐릭터'다. 특히 편의점은 캐릭터 상품으로 다양한 협업을 진행하며 캐릭터 완구류를 적극적으로 판매하고 있다. 특히 GS25는 캐릭터 완구류에 관심이 매우 큰 편이다. 실제로 편의점의 캐릭터 완구 제품의 매출이 매년 80% 이상 성장하고 있다. 캐릭터와 협업을 진행한 식품들은 어김없이 좋은 매출을 기록했다. GS25가 캐릭터 완구류를 확대하는 이유다.

대표적인 사례가 '짱구'다. 짱구 캐릭터가 결합된 식품을 출시했던 CU는 뜨거운 반응에 시리즈 형태로 관련 상품을 지속적으로 내놓기도 했다. 이뿐만이 아니다. 우리가 익히 알고 있는 캐릭

편의점은 캐릭터 완구류로 예상치 못한 성공을 거뒀다. (출처 : GS리테일)

터들이 다양한 제품과 결합해 편의점을 지배하고 있다. 이는 접근성이 좋은 곳에서 자신이 좋아하는 캐릭터 덕질을 하는 알파세대의 소비성향을 잘 알 수 있는 사례다.

알파세대는 단순히 자신이 좋아하는 캐릭터 관련 상품을 소비하기도 하지만, 특정 제품에 따라오는 굿즈를 모으기 위해 먹지도 않는 과자를 사기도 한다. 이처럼 선택적 집중력을 통해 선택의 대상을 고른 알파세대는 누구보다도 열정적으로 소비를 한다. 따라서 다양한 캐릭터 제품들이 주는 교훈을 통해 알파세대의 소비성향을 파악할 필요가 있다.

팬슈머는 알파세대와 롱하는 개념 ──────── ✧

팬슈머(fansumer)는 알파세대에게 좀 더 잘 '통하는' 개념이다. 팬슈머는 팬(fan)의 역할을 자청하는 소비자(consumer)를 뜻한다. 우리는 이미 많은 트렌드를 통해 팬슈머의 존재감을 경험했다. 실제로 팬슈머들의 열정적인 반응으로 급부상한 기업과 브랜드도 많다. 이를테면 틀에 박힌 광고 방식이 답답해 팬들이 직접 SNS 바이럴용 광고를 제작하거나, 자신이 좋아하는 브랜드가 잘 되도록 직접 홍보에 나서기도 한다. 이런 경향은 MZ세대에서 두드러진다. 하지만 기성세대들도 자신이 좋아하는 트로트 가수를 위해 팬슈머가 되기도 한다.

이렇게 세대 구분 없이 발전적으로 트렌드 전반을 강타한 팬슈머의 개념은 알파세대에게도 상당한 영향력을 발휘할 것이다. 알파세대는 기존 세대들보다 덕후 성향이 더 강하기 때문이다. 또한 뉴미디어를 능숙하게 다루는 만큼 스스로 바이럴에 나선다면 어떤 세대보다 강력한 효과를 가져올 수 있다.

알파세대의 선택적 집중력을 부정적으로만 보지 말고, 밀도 높은 소통을 할 수 있는 가능성으로 이해할 필요가 있다. 알파세대는 언제든 팬이 될 준비가 되어 있고, 그 대상은 누구라도 가능하다. 또한 알파세대의 니즈를 지속적으로 이해하고 관리하는 등 다양한 활동을 통해 '감동'을 만들어 내야 한다. 감동을 얻을 수 있다면 알파세대는 오랫동안 집중력을 발휘해 기업과 브랜드를 지지할 것이다.

결국 선택적 집중력은 집중력의 약화가 아니라 더 많은 몰입을 뜻한다. 알파세대들이 몰입할 수 있는 요소를 찾아 집중력을 높이고 소통할 수 있는 방식을 찾아야 한다. 집중력의 최대치를 끌어내는 것이 성공의 관건이 될 것이다.

Part
4

알파세대가
'돈'을 바라보는 방식

소비의 양극화, 앰비슈머란 무엇인가?

알파세대를 자녀로 둔 밀레니얼세대 부모들은 가끔 이런 말을 하곤 한다.

"내 아이인데도 도무지 이해할 수가 없어요."

이해하려고 하는 행위 자체가 잘못됐다. 알파세대는 스스로를 챙기며, 스스로 존재감을 인정받고 싶어 하는 세대다. 굳이 이해하려 하지 말고, 그 자체로 인정해 줄 때 가장 잘 소통할 수 있다. 그럼에도 불구하고 부모들이 이해할 수 없는 것 중 하나가 아이들이 돈을 쓰는 방식이다.

알파세대의 소비성향을 그대로 보여주는 것이 바로 '앰비슈머'

의 형태인데, 앰비슈머(ambisumer)란 양면적인(ambivalent) 소비자(consumer)라는 뜻이다. 가치관에 따라 양극화 소비를 하는 현상 또는 소비자를 말하며, 필요나 상황보다는 자신의 가치관에 따라 양극화 소비를 하기 때문에 때로는 합리적이지 않은 행태를 보인다.

알파세대의 소비 '양면성'

양면성 또는 양극화는 빈부의 격차에 따른 소비구조와 사회구조를 논할 때 주로 사용하는 단어이다. 그런데 이제는 개인의 소비행태를 말할 때도 양극화라는 단어가 등장한다. 알파세대는 특히 관심 있는 분야에 대해서는 아낌없이 돈을 쓴다. 이해를 바라지도 않으니 눈치를 볼 필요도 없다. 하지만 관심 없는 분야에 대해서는 최대한 아끼거나 아예 쓰지 않는다. 많이 쓰는 분야와 거의 쓰지 않는 분야가 극명하게 갈린다. 이를 두고 개인 소비의 양극화, 즉 앰비슈머라고 한다.

예를 들어 A라는 애니메이션 캐릭터에 관심 있는 알파세대 B가 있다. B는 용돈을 열심히 모아 좋아하는 A 관련 굿즈나 피규어를 산다. 하지만 A와 관련 없는 학용품을 살 때는 최대한 싼 것을 찾거나 아예 사지 않으려고 한다. 좋아하는 A에는 돈을 아끼지 않지만, 그 외의 분야는 지독한 짠돌이가 된다.

알파세대는 이처럼 소비 양극화 성향이 매우 강하다. Z세대도 유사한 경향을 보이지만 정도의 차이가 있다.

그렇다면 알파세대가 성장해 소비 트렌드의 범주 안으로 완전히 들어온다면 어떤 일이 일어날까? 관심 있는 분야에는 아낌없이 쓰겠지만 생필품은 최대한 싼 것을 찾을 것이다. 이런 성격이 바로 앰비슈머의 성향이다. 다만 아끼는 성향이 기성세대와는 결이 다를 뿐이다.

알파세대식 절약이란?　　　　　　　　　—————◇

일단 알파세대는 대량구매를 통한 절약을 딱히 반기지 않는다. 이런 성향은 Z세대부터 이어져온 것이다. 대량구매를 하게 되면 필연적으로 '공간'이 필요하다. 개인 저장공간을 뜻하는 '스토리지'가 생길 정도로 Z세대에게 공간에 대한 이슈는 매우 중요하다. 돈을 주고서라도 확보하고 싶어 한다. 문제는 주거공간이 그리 크지 않다는 것이다.

1인 가구가 증가하면서 Z세대의 주거공간은 과거보다 줄어들었고, 알파세대는 이 추세에 기름을 부을 가능성이 높다. 줄어드는 출산율과 가족 구성원의 흐름을 이어받을 것이기 때문이다. 따라서 Z세대부터 알파세대까지의 흐름은 모두 '축소'로 봐야 한다. 그러니 보관해 둘 공간도 없는 상황에서 대량구매를 하는 것은 반갑지 않은 절약 방식이다. 그래서 일명 '쟁여 놓는다'는 개념은 알파세대 앞에서 힘을 잃을 가능성이 높다. 아무리 싸게 구매할 수 있다고 해도 공간이 필요한 절약은 굳이 하지 않을 것이다.

Z세대는 절약 관련 커뮤니티를 통해, 서로의 소비 행위를 나무라며 절약을 독려한다. Z세대는 필연적으로 서로 독려하는 일에 익숙하다. 비슷한 목표를 이루기 위해 서로 응원하고, 각자 인증을 통해 목표를 달성하고자 하는 동력을 얻는다. 이것 또한 SNS 문화에서는 흔한 일이다. Z세대보다 SNS를 더 즐기는 알파세대는 이런 일들을 더욱 즐길 것이다. 이들은 돈을 쓰지 말아야 할 분야에 대해 서로 논의하고, 인증을 통해 각자 절약한 이야기를 공유한다. 특히 알파세대는 코로나19로 인해 중단되었던 사회적 관계에 아쉬움을 가지고 있는 세대이다 보니 온라인을 통한 인간관계에 관심이 많다. 그래서 Z세대보다 이런 독려형 대화가 더 늘어날 가능성이 많다.

소비도 SNS 인증

알파세대는 혼자 끙끙대며 절약하는 것이 아니라 온오프라인의 인간관계를 통해 함께해 나가려고 한다. 절약과 정반대인 돈을 쓰는 소비도 SNS에 인증한다. 양극화 소비 행위 자체를 소셜네트워크나 커뮤니티에서 말하고 싶어 한다. 어쩌면 과거의 세대들이 용돈기입장을 썼듯이 알파세대는 소비 행위와 내역을 모두 SNS에 기록하고 있는 셈이다. 목적이 무엇이든 상관없다. 알파세대는 소비 행위도 과거의 세대와는 조금 다르게 공유하고 싶어 한다.

마치 동전의 양면처럼 알파세대에게는 절약과 소비 측면에서 전혀 다른 성향이 공존한다. 이해하기 어려운 부분들이 있지만, 이들은 굳이 이해를 바라지 않는다. 그저 소비에 관해서도 각자의 이야기를 써내려간다고 생각하면 된다. 다만 소비에 가치관이 반영된다는 점은 주목할 만하다. 이는 자신이 좋아하는 것에 대한 선호도일 수도 있으며, 한편으로는 사회적 가치일 수도 있다. 앞서 언급한 부분이지만, 가치소비를 중점으로 한 번 더 고민해볼 만한 사안이다. 가치관이란 생각이나 기호일 수도 있지만, 신념이나 믿음으로 확장될 수도 있기 때문이다.

가치소비 열풍은 알파세대로 연결된다 ─────◇

Z세대부터 시작된 가치소비의 열풍은 알파세대로 고스란히 이어진다. 알파세대는 자신들이 사회에 기여할 수 있다는 것을 뿌듯하게 여기며, 자신만의 목소리를 내는 것에 어색해하지 않는다. 중고등학생을 중심으로 사회적 가치를 추구하려는 움직임이 늘어나고 있으며, 실제 행동으로 이어지는 경우도 많다. 환경보호, 사회적 약자 배려, 우리 역사 바로 알기 등이 그 예이다. 이 또한 알파세대의 개인주의 성향과 연관이 깊다. 여기서 말하는 개인주의란 자신의 생각과 존재감에 많은 관심을 가지고 있다는 뜻이다.

자신의 생각과 존재감에 집중하다 보면 자연스럽게 신념이나 가치들을 떠올리게 된다. 그래서 과거의 세대들보다 많은 목소리를 낼 수 있는 것이다. 이런 성향은 소비와도 연결된다. 알파세대는 사회를 변화시키기 위해 조금이라도 노력하는 브랜드와 기업의 제품을 소비할 가능성이 높다. 하지만 사람에 따라 생각이 다를 수 있으므로 가치소비의 방향은 애초에 이해할 수 있는 영역이 아니다.

돈은 나를 표현하는 수단 ──────◇

　유한킴벌리는 알파세대가 주로 활용하는 메타버스 공간에서 특별한 이벤트를 열었다. 메타버스 공간에 들어온 알파세대가 산불지역에 나무를 심거나 불을 끄는 모습을 촬영해 피드에 게시하면, 유한킴벌리는 참여한 수만큼 실제 산불지역에 최대 1,000그루의 나무를 심는다. 많은 알파세대들이 각자의 방식대로 이벤트에 참여하며 자신의 가치관을 행동으로 옮기는 즐거움을 만끽했다.

　알파세대는 이처럼 각자의 가치관을 여러 가지 방식으로 활용하고 있다. 과감한 소비를 하는가 하면, 가치 있는 행사에 공감하

사회적 가치에 공감할 수 있는 기회를 가상공간에서 제공한 유한킴벌리 (출처 : 유한킴벌리)

고 참여함으로써 사회 구성원으로서 인정받고 싶어 한다. 한편으로는 이것도 알파세대 소비의 양면성이라 할 수 있다.

알파세대의 양면적 소비는 앞으로의 소비 트렌드에서 의미하는 바가 크다. 돈이라는 개념을 물건을 사는 수단을 넘어 스스로를 표현하는 수단으로 활용하기 때문이다. 따라서 알파세대를 이해하려는 노력을 통해 그들의 행동을 인지하고, 다양한 활동을 통해 그들의 가치관을 조금이라도 반영할 만한 수단을 반드시 찾아야 한다.

아끼고 아껴서 통 크게 한 방, Z의 플렉스와 차이

한때 SNS에서 '플렉스'라는 단어가 큰 화제를 불러일으켰다. 자신이 번 돈으로 사고 싶은 것을 통 크게 구매하고, 이를 인증하면 플렉스했다고 표현한다. 이런 행위를 자랑한다기보다 자신이 돈을 벌기 위해 해온 노력을 표현하는 방식으로 인식하면서 많은 젊은 세대들이 호응했다. 특히 Z세대의 공감은 남달랐다.

그런데 플렉스의 특징은 대책이 없다는 것이다. 자신이 가지고 싶은 값비싼 물건을 앞뒤 따지지 않고 그냥 사버린다. 현재 자신의 경제적 상황으로는 무리일 수도 있고, 미래에는 이 소비를 후회할 수도 있다. 하지만 이런 사항들은 고려하지 않고, 단순히 구매 행위 자체에 초점을 맞춘다.

전문가들은 이런 소비를 즐기는 이유가 미래에 대한 기대감이 없기 때문이라고 분석한다. 현재 돈을 모아도 미래에 잘살게 되리라는 기대가 없으니 거리낌없이 돈을 모두 쓴다는 것이다. 하지만 단순히 이런 이유만은 아니다. 소위 '인싸'가 되고 싶은 욕망, 자신의 존재감을 부각시키고자 하는 의도, 그리고 소비를 통한 스트레스 해소 등 다양한 요인들이 작용했다.

그렇다면 관심사에 아낌없이 투자하는 소비 양극화 성향의 알파세대는 어떨까? 그들도 플렉스에 공감할까? 결론부터 말하자면 '아니오'다.

경제관념이 뛰어난 알파세대 ─────────✧

일단 알파세대는 경제적 관념이 Z세대보다 뛰어나다. 유튜브에서 주식 투자를 공개하는 알파세대가 큰 화제를 모은 적이 있다. 사실 화제가 될 만한 사항은 아니다. 이들에게 주식 투자는 어색한 일이 아니기 때문이다. 그만큼 이들은 경제에 대한 지식이 많은 세대이다.

기성세대는 학창시절에 경제 관념을 배울 기회가 거의 없었다.

학교에서 경제 과목을 배우긴 했지만, 실생활에 활용할 만한 지식이 아니라 이론적인 내용이었다. 부모님도 '그럴 나이가 아니다'라며, 돈보다는 공부에 집중하기를 바랐다. 과거 세대에게 경제 관념이란 어른들의 영역이었던 것이다.

하지만 지금은 다르다. 알파세대는 유튜브나 SNS를 통해 경제 관련 이슈들을 끊임없이 접한다. 그래서 돈을 인지하는 수준 자체가 다르다. 돈의 가치, 돈 버는 법, 돈을 활용하는 법까지 다양한 이야기를 듣는다. 노출되는 횟수가 많은 만큼 잘 인지할 수밖에 없다.

알파세대는 플렉스가 대책 없는 짓임을 잘 알고 있다. 그래서 앞뒤 생각하지 않고 무조건 사지 않는다. 모으고 모아서 자신의 주머니 사정에 맞춰 통 큰 한 방을 노린다. 한 번 크게 쓰고 나면 다른 곳에 쓸 여력이 없다는 것을 알기에 계획적으로 소비한다.

알파세대들은 뉴미디어에 더 많이 노출되는 만큼, 당연히 경제에 대한 정보도 더 많이 접한다. 주식 투자를 하는 알파세대의 이야기처럼, 스스로 경제지식을 습득해 수익을 창출하는 알파세대들도 늘어날 것이다. 이렇게 진화된 경제관념 속에서 알파세대에게 플렉스란 개념은 계획과 생각을 동반해 진화할 가능성이 높다.

미래의 가치도 함께 고려한다 ──────── ◇

함께 고려해야 할 또 다른 사항은 미래가치다. 알파세대에게는 아주 중요한 개념 중 하나이다. 이들이 섣불리 플렉스하지 않는 이유는 미래가치를 생각하기 때문이다. 나중에 다시 팔 계획이 없다 하더라도, 기왕이면 미래에 가치가 크게 떨어지지 않는 것을 찾는다. 가치가 올라갈 수 있다면 더더욱 좋다. 이렇게 미래가치를 생각하기 때문에 알파세대는 대책 없는 플렉스를 즐기지 않는다.

중고거래 플랫폼을 생각해 보자. 경제적 가치를 인정받아 대규모 투자를 받기도 하고, 심지어 대기업도 중고거래 플랫폼을 운영하고 있다. 중고거래 플랫폼은 이제 단순히 '쓰던 물건'을 사고파는 공간이 아니다. '리셀' 문화가 발전하면서 '시세'를 파악하는 좋은 창구가 되고 있다.

번개장터와 크림(KREAM)은 알파세대가 많이 사용하는 중고거래 플랫폼이다. 이들의 거래현황을 살펴보면 손쉽게 시세를 알 수 있다. 리셀에 특화된 크림은 시세 정보를 빠르고 편리하게 볼 수 있도록 제공하고 있다. 심지어 구입 후 '창고'로 입고하는 서비스까지 선보이고 있다. 알파세대가 처음부터 팔 생각을 하고 물건을 사는 것은 아니지만 가치가 떨어지는 것보다 유지되거나 올라가는 것이 좋다. 그래서 시세를 파악하고 미래의 가치를 가늠해

중고거래 플랫폼은 이제 거래뿐만 아니라 가치의 기준점을 제공하고 있다. (출처 : 번개장터)

볼 수 있는 플랫폼을 이용하는 것이다.

이제 중고거래 플랫폼은 '중고 중개서비스'가 아니라 경제적 가치를 가늠하는 '잣대' 역할을 한다. 알파세대는 이런 변화의 중심이다. Z세대도 중고 플랫폼에서 적극적으로 경제활동을 벌이지만, 알파세대는 한 단계 더 높은 차원으로 활용도를 극대화하고 있다.

디지털 네이티브의 속성을 가진 알파세대는 미래가치를 파악하는 일에 익숙하다. 따라서 신속한 플렉스보다는 다양한 정보를 바탕으로 좀 더 나은 판단을 내리려고 한다. 원하는 것에 돈을 크게 쓰면서도, 최대한 의미 있는 소비를 하기 위해 노력하는 것이다.

셰어런팅을 경험한 알파세대,
리뷰의 일상화 ⎯⎯⎯⎯⎯⎯ ◇

마지막으로 고려할 것은 '리뷰'의 일상화다. 리뷰도 일종의 정보이지만 조금 다르다. 리뷰는 단순히 제품이나 서비스에 대한 정보가 아니라 누군가가 사용하는 모습을 직접 관찰하고 얻는 입체적인 정보이기 때문이다.

알파세대는 블로그 리뷰를 넘어서 SNS와 유튜브 리뷰 시대에 살고 있다. 이들의 리뷰는 일명 '셰어런팅(sharenting)'의 영향을 받았다. 이는 공유(share)와 양육(parenting)의 합성어로, 양육 과정을 공유한다는 뜻이다. 이러한 경향은 밀레니얼세대 부모들에게서 강하게 나타났다. 친한 사람이나 가족끼리만 공유하던 양육 과정을 SNS를 통해 마치 일기를 쓰듯 공유하는 사람들이 늘어난 것이다.

알파세대는 이 과정을 보면서 자랐기에 자신의 이야기와 신분을 노출하는 데 제약이 없고, 리뷰를 올리는 데도 딱히 부담을 느끼지 않는다. 제품 사진만 가득했던 과거의 리뷰 시대를 지나 직접 얼굴까지 노출해 가며 업로드하는 입체적 리뷰 시대의 가장 큰 주역이다. 이들은 유튜브나 틱톡과 같은 SNS를 통해 간단한 리뷰 콘텐츠를 직접 만들어서 올리기도 한다. 이처럼 콘텐츠의 소비와 생산을 반복하면서 알파세대를 위한 정보가 쌓인다. 물론 리뷰가 자신에게 딱 맞는 정보를 제공하지는 않겠지만 최소한의 참고 수단은 된다.

플렉스도 선택과 집중 ──────────◇

뉴미디어에는 전문적인 리뷰도 많지만, 알파세대가 쉽게 찍어 올리는 리뷰 영상도 굉장히 많다. 알파세대는 이미 소비의 주체이자 소비 정보의 생산자로서 충실한 역할을 수행한다. 그래서 선불리 플렉스를 하지 않고 훨씬 흥미로운 소비생활을 이끌어간다.

이처럼 리뷰가 일상화된 알파세대에게 무조건적인 통 큰 소비를 기대하기는 어려울 것으로 보인다. 자기 관심사에 지대한 흥미를 보이고, 돈을 쓸 준비도 되어 있는 것은 사실이지만 아무 생각 없이 돈부터 쓰지 않을 것이기 때문이다. 따라서 소비의 당위성을 만들어 주고 공감을 얻는 것이 중요한 과제이다.

기업과 브랜드는 전문적 리뷰와 함께 쉽게 접근할 수 있는 '실생활' 리뷰에도 많은 투자를 해야 한다. 전문적인 리뷰는 정보 면에서는 압도적이지만, 공감도가 떨어질 수밖에 없다. 따라서 비슷한 또래들을 활용하는 방안 등 좀 더 피부에 와 닿는 리뷰를 통해 알파세대의 호기심을 자극하는 마케팅 활동을 진행해야 한다.

알파세대는 왜 용돈을 송금해 달라고 할까?

알파세대에 대한 금융권의 관심은 남다르다. 너도나도 알파세대 고객을 유치하기 위해 애쓰고 있다. 학창시절의 경험이 성인까지 이어져 주거래은행이 된다는 판단에서다. 과거에도 '학생' 고객이 없었던 것이 아니지만 금융권이 지금의 알파세대를 공략하는 것만큼 관심을 보이지는 않았다. 그 당시의 학생들은 입출금을 하는 정도가 전부였다. 하지만 알파세대는 다르다. 금융권은 이미 경제적 지식이 충분한 알파세대를 통해 새로운 기회를 창출하려 한다.

카카오뱅크는 출범 초기부터 알파세대 고객에 많은 관심을 보여왔다. 휴대폰 본인인증만 하면 쉽게 계좌를 개설할 수 있다는 점을 내세우고, 카카오톡에서 활용할 수 있는 이모티콘까지 제공하며 많은 고객을 확보했다.

카카오톡과 연계되어 접근성과 인지도 면에서 장점이 있기도 했지만, 카카오뱅크 미니에 대한 알파세대의 관심은 뜨거웠다. 이들은 만 14세가 되는 0시에서 2시 사이에 카카오뱅크 미니에 가입하는 것이 거의 공식이 되었다(2023년 8월부터 가입연령이 만 14세에서 만 7세로 확대되었다). 이러한 반응을 본 금융사들은 너나 할 것 없이 알파세대 시장에 뛰어들었다. KB, 하나, 신한은행 등 모든 은행들이 알파세대 고객을 유치하기 위해 노력하고 있다. 흥미로운 건 이들이 하나같이 강조하는 지점이 있다는 것이다.

카카오뱅크는 출범 초기부터 알파세대 고객에 관심이 많았다. (출처 : 카카오뱅크 미니)

금융 독립을 선언한 알파세대 ———————— ✧

바로 '독립'이라는 단어다. 서비스를 제공하는 주체는 모두 다르지만, 하나같이 '독립'이라는 단어를 강조한다. 심지어 KB의 리브 넥스트는 아예 메인 카피로 '나의 첫 금융'을 앞세우며, 청소년의 독립된 금융경험을 강조한다. 리브 넥스트 안에 '리브 포켓'이라는 선불전자지급수단을 탑재해 알파세대 고객 스스로 결제할 수 있도록 돕는다. 이때 알파세대가 주로 활용하는 편의점, 카페, 드럭스토어 등에서 가맹점 할인을 제공하는 것은 너무나 당연한 일이다.

이렇다 보니 알파세대는 결제 등 금융서비스에 익숙하다. 이미

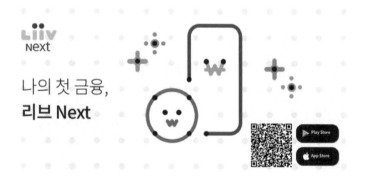

리브 넥스트의 핵심은 '금융독립'이다. (출처 : KB금융지주)

기술적 진보를 경험하며 각종 결제서비스를 이용해 온 세대다. 특히 게임 아이템을 구매하며 온라인 결제에 익숙하고, 전자상거래도 매우 친숙하다. 이들은 이미 능숙하게 다루고 있는 결제를 굳이 부모에게 의지하지 않는다. 그러니 '독립'이라는 단어를 적극적으로 활용해도 문제없다고 봐야 한다.

토스는 토스 모의투자 서비스를 알파세대에게 제공하기도 했다. 금융서비스에 익숙한 알파세대는 그들의 존재감을 드러내며 상당한 성과를 보이기도 했다. 물론 모의투자였지만 말이다. 이처럼 알파세대는 결제를 비롯한 금융서비스까지 자신과 거리가 먼 개념이 아니라는 것을 자연스럽게 보여주고 있다.

'돈'에 대한 인식이 뛰어난 알파세대 ⸻✦

또 다른 요소는 돈에 대한 인지다. 알파세대는 밀레니얼세대와 Z세대보다 부유한 편이다. 자녀의 수가 줄어들면서 부모의 지출이나 용돈이 집중되기 때문이다. 부유해진다는 것은 필연적으로 돈을 쓰는 경험이 늘어난다는 의미다. 경험이 늘어나면 이해도도 늘어나는 것이 당연하다. 그래서 돈에 대한 인식, 돈의 가치에 대한 이해가 전반적으로 뛰어나다.

가장 단적으로 나타나는 부분이 바로 용돈이다. 알파세대는 대부분 용돈을 송금해 달라고 한다. 명절에 받는 용돈도 마찬가지다. 현금 사용이 줄어드는 영향도 있겠지만, 현금을 주고받는 과정에서 발생하는 예상치 못한 '결손'을 방지하기 위한 목적도 있다. 학창시절을 한번 떠올려 보자. 용돈을 받으면 부모님이 '잘 보관해 뒀다 나중에 주겠다'고 했다. 하지만 지금 그 용돈은 잘 보관되어 있는가? 아마 행방을 전혀 알 수 없을 것이다.

알파세대는 자신이 이미 돈을 활용할 줄 알고, 돈의 가치도 알고 있기에 애매하게 다가오는 결손의 상황을 싫어한다. 용돈을 송금받으면 바로 활용하기도 쉽고, 결손이 날 일도 없다. 이처럼 돈에 대해 잘 알고 있는 알파세대는 금융서비스에 적극적으로 진입하며, 작지만 확실한 존재감을 드러내고 있다.

알파세대를 잡아야 미래를 잡는다 ──────────◇

이제 알파세대를 잡는 것이 곧 미래의 비즈니스와 연결된다는 점을 꼭 기억해야 한다. 금융권이 알파세대에 관심을 보이는 본질적인 이유는 그들이 구매·결제 등 금융활동에 익숙하기 때문이다. 모의투자도 하고, 심지어 직접 돈을 버는 알파세대도 있다.

이런 상황에서 금융서비스에 익숙해지면 그대로 고객으로 연결될 확률이 높다. 지금 당장은 고객으로 연결되지 않더라도, 최소한 인상적인 금융경험은 제공한 상태이기 때문에 성인이 되어 본격적으로 수입이 생기면 예전에 경험해 본 금융사에 접근할 가능성이 훨씬 높다는 판단이다. 이해도가 높은 만큼 '활용도'도 높을 것이라는 예측을 하고 움직이는 것이다.

이 사실은 간단해 보이지만 매우 중요한 메시지를 전한다. 알파세대는 과거의 세대들보다 익숙한 것이 많다. 익숙하다는 것은 이해도가 높다는 것인데, 금융뿐만 아니라 뉴미디어의 콘텐츠 활용, IT 기기 응용 등 디지털 환경에 더없이 친숙하기 때문이다. 게다가 부유하다.

그리고 이들의 부모세대는 자녀가 특정 분야에 좀 더 관심을 보인다면 적정 수준에서 지원할 준비가 되어 있다. 그렇지 않더라도, 알파세대는 스스로 돈을 모아서 해당 관심을 더욱 증폭시킬 것이다. 이처럼 알파세대는 적극성, 관심사에 대한 집중도, 이해도까지 결합된 세대이다. 각자의 상황에 따라 높은 구매력을 드러낼 가능성이 높다. 이 '구매력'을 뒷받침하는 결제수단이 바로 금융서비스이기에 금융권이 주목하는 것이다.

잠재적 '큰손' 모시기 ──────── ◇

다른 업계에서도 이들의 구매력을 눈여겨봐야 한다. 선택적 집중력에 의한 덕후 기질도 영향을 주겠지만, 익숙함을 바탕으로 한 높은 이해도도 구매력에 큰 영향을 미친다. 그야말로 알파세대는 각자의 소비분야에서 '큰손'이 될 수 있는 잠재력을 지니고 있다. 이런 이유로 금융권에서 알파세대 모시기에 열을 올리고 있는 것이다.

다만 한 가지 꼭 염두에 두어야 할 것은 '정체성'이다. 알파세대는 입소문에 대한 반응도가 낮은 편이다. 알파세대 사이에서 많이 알려진다고 해도, 자신이 제품이나 서비스에 대한 정체성을 인정할 수 있어야 선택한다. 따라서 대세나 입소문을 기대하기보다, 독자적으로 시장성을 인정받아 알파세대의 공감을 끌어내는 것이 중요하다. 이미 독립적으로 돈을 쓰는 세대다. 공감 없는 소비는 애초에 없다는 것을 기억하라.

포지셔닝, 알파세대가 공감할 기업과 브랜드의 위치

포지셔닝은 누구에게나 중요한 의미를 갖는다. 포지셔닝이란 기업과 브랜드, 기관 혹은 개인이 의도했던 이미지를 대중들에게 각인시키는 것을 말한다. 이를테면 A라는 브랜드가 고급화 전략을 택했다. 다양한 마케팅 활동에 노출된 대중들이 A를 고급 브랜드로 인식하면, 이 브랜드의 포지셔닝은 성공했다고 볼 수 있다. 내 경우에도 대행사의 관점에서 마케팅을 진행하고, 책을 쓰고, 강연을 다니는 모든 행위가 포지셔닝과 연결되어 있다. 나 스스로 나의 강점을 외부에 알리고, 이를 바탕으로 '내 위치'를 인식시키는 것이다. 직장인이든 자영업자이든 자신의 영역에서 자리를 잡아야 살아남을 수 있다. 기업과 브랜드도 명확한 위치를 잡지 못하면 오래 이어가기 어렵다.

포지셔닝은 알파세대를 만나면서 더욱 중요해졌다. 알파세대는 입소문에 반응하지 않는다. 자신만의 기준을 바탕으로, 각자의 관심사에 따라 소비한다. 따라서 해당 영역에서 확실하게 포지셔닝을 하지 못하면 알파세대의 마음에 들기 어렵다.

포지셔닝의 방향은 다양하게 고려할 수 있다. 고급화도 좋고, 가성비도 좋다. 알파세대가 인지할 수 있는 영역 안에 어떻게든 자리 잡아야 소비를 일으킬 수 있다. 그러니 무조건 포지셔닝에 사활을 걸어야 한다.

고급화와 가성비 사이에서 자리 찾기

알파세대의 소비성향을 감안하면 포지셔닝은 2가지 방식으로 생각해 볼 수 있다. 첫 번째는 고급화와 가성비 사이의 적절한 포지셔닝이다. 프리미엄의 가치를 추구한다면 이유를 확실히 보여 줘야 한다. 하지만 그게 아니라면 가성비로 합리적 소비를 공략해야 한다. 이도 저도 아닌 애매한 포지셔닝은 주목받기 어렵다.

이 부분은 Z세대의 성향이기도 하다. 오마카세 열풍을 생각해 보자. 분명 합리적 소비를 추구하고 아끼는 방법을 고민하면서도 오마카세 같은 비싼 한 끼를 즐긴다. 자신들의 관심사일 수도 있지만, 프리미엄의 가치에 공감하면 충분히 지갑을 연다.

알파세대에게도 이런 사례가 있다. 알파세대가 자주 이용하는 편의점에서 하겐다즈와 같은 프리미엄급 아이스크림이 잘 팔린다. 지난 몇 년간 매출이 꾸준히 올랐고, 점유율도 계속 상승세다. 알파세대 역시 합리적 소비를 추구하지만 프리미엄급 아이스크림으로 자신을 위한 작은 사치를 하고 있는 것이다.

프리미엄급 아이스크림이 시장에서 잘 자리 잡고 있다. (출처 : 하겐다즈)

이처럼 Z세대와 알파세대는 아낄 것은 아끼지만 자신을 위해 쓰고 싶은 것에는 주저하지 않는다. 하지만 애매한 것은 싫어한다. 비싸지도 싸지도 않은 제품과 서비스에는 공감하지 못한다. 중간이 없는 세대다. 그래서 이들에게는 프리미엄이라는 단어를 꺼내들어 이해시키거나, 아니면 가성비를 확실히 내세워 합리성을 공략해야 한다.

정서적 포지셔닝, 알파세대의 의식 속에 자리 잡기 ──────◇

또 하나의 방식은 정서적 포지셔닝이다. 가치소비와 연결되는 부분이기도 하다. 일단 알파세대의 의식 속에 빛나는 존재로 자리를 잡는 것이다. 알파세대는 뉴미디어를 통해 다양한 정보를 접하면서 브랜드와 회사를 판단한다. 따라서 뉴미디어를 통해 브랜드와 회사의 가치를 꾸준히 알리면, 알파세대의 정서 속에 특정한 이미지로 자리 잡을 수 있다. 지속적인 행동과 실천을 통해 알파세대와 거리를 좁혀나갈 필요가 있다.

이를 위해서는 당연히 좋은 콘텐츠와 그것을 알릴 수 있는 캠페인의 기획이 필요하다. 그리고 콘텐츠를 바탕으로 전개하는 여러 가지 캠페인에 알파세대의 참여를 유도해야 한다. 이때 알파세대가 자신들의 이야기를 반영할 수 있는 방식이어야 인상에 남고 정서적 포지셔닝에 성공할 수 있다.

포지셔닝, 스토리를 고민해야 한다 ⎯⎯⎯⎯⎯ ✧

추가로 고민해 봐야 할 사항은 아이러니하게도 포지셔닝 그 자체다. 가성비와 고급화 사이에서 브랜드 위치를 잡는 데만 집중하다 보면 오히려 오류가 발생하는 경우가 많다. 그래서 알파세대의 양극화 소비를 겨냥하는 포지셔닝은 조금 더 나아가야 한다.

나이키의 조던 운동화를 생각해 보자. 밀레니얼세대도 좋아했고, Z세대도 좋아했으며, 알파세대 역시 선호하는 스니커즈다. 특히 리셀시장의 개막과 함께 가장 큰 이슈를 몰고 온 브랜드이다. 이제는 알파세대도 리셀시장에 진입해 조던과 같은 스니커즈를 구입한다. 대개는 부모인 밀레니얼세대의 도움을 빌리겠지만, 구입하고 있다는 사실이 중요하다.

그렇다면 조던은 어떻게 양극화 소비를 벌이는 알파세대의 마음을 공략했을까? 간단하다. 스토리가 포함된 포지셔닝 때문이

나이키 조던은 각종 뉴미디어에 존재하는 다양한 스토리가 브랜딩을 도왔다. (출처 : 나이키)

다. 알파세대는 납득하는 것이 중요하다. 단순히 남들이 구매한다고 해서 따라가거나, 아니면 주입식으로 '존재감'을 강요해서는 반응하지 않는다. 남들이 아무리 좋은 제품이라고 말해도 듣지 않는다. 조던은 매체를 통해 자연스럽게 제품의 존재감을 인식시켰고, 유튜브 같은 뉴미디어에서도 하루가 멀다 하고 컬렉터들의 이야기가 올라온다. 그만큼 많은 콘텐츠를 통해 자연스럽게 존재감을 인식시키는 것이다.

납득을 부르는 행동이 필요하다 ———————◇

알파세대를 위한 포지셔닝은 설정하는 것으로 끝나는 게 아니다. 우리가 설정한 포지셔닝은 그야말로 자의적 해석일 뿐이다. 이 해석을 납득시킬 만한 콘텐츠를 곳곳에 배치해야 한다. 유튜브와 SNS를 활용해 다양한 콘텐츠로 제품이나 서비스의 스토리를 알려야 한다. 또한 정보의 접근성을 끌어올릴 필요도 있다. 이런 움직임이 만들어 낸 포지셔닝에 공감한다면, 관심사를 가진 알파세대는 열정적으로 반응할 가능성이 높다.

또한 포지셔닝은 영원히 지속되어야 한다. '영원한 지속'이라고 하면 무척 부담스러울 수도 있을 것이다. 하지만 알파세대가 이끄는 시장 자체가 그렇다. 알파세대는 소비의 양극화를 극명하게 보이기 때문에 팬이 되기도 쉽지만, 관리하지 않으면 떠날 가능성도 높다. 한 번의 포지셔닝이 영원하지 않다는 것이다. 게다가 시장에는 다른 선택지가 얼마든지 많다. 우리의 제품과 서비스가 없다고 굳이 답답해하지 않는다.

그래서 알파세대를 겨냥한 포지셔닝 전략은 과거보다 훨씬 더 치밀하고 다양하게 이루어져야 한다. 시장에서 위치를 잡는 것뿐 아니라 그 위치를 다지는 것도 포지셔닝 전략의 일부분이다.

우리의 포지셔닝은 영원할 수 없다는 사실을 기억하자. 우리의 제품과 서비스를 대체할 수 있는 무언가가 등장하면 알파세대의 집중은 한순간에 이동할 수 있다. 양극화 소비의 특징은 언제든 방향을 바꿀 가능성이 크다는 것이다. 지금은 우리의 제품과 서비스에 돈을 쓰지만, 미래는 모르는 일이다. 충분히 다른 대상으로 이동해 다시 양극화 소비를 벌일지도 모른다. 이처럼 알파세대의 앰비슈머 속성은 공감할 수 없는 포지셔닝의 위험성을 늘 경고하고 있다.

극단적 소비의 꼭짓점을 차지하라

나이키는 존재감도 확실하고, 알파세대가 인식하는 지점도 확실하다. 하지만 여기서 그치지 않는다. 사실 경쟁자가 많기 때문에 언제든 자신들의 포지셔닝이 흔들릴 수 있고, 알파세대의 소비성향이 생각보다 훨씬 변동성이 크다는 것을 잘 인지하고 있다. 그래서 나이키는 알파세대와 소통하고 접점을 만들어 가는 행동을 게을리하지 않는다.

나이키는 실제로 많은 NFT와 메타버스 관련 프로젝트로 알파세대와 적극적으로 소통하고 있다. NFT와 메타버스가 무조건적으로 알파세대를 위한 것은 아니지만, 가장 공감대가 높다는 점에서 알파세대를 겨냥한 선택이라고 봐도 무방하다. 이미 나이키를 신고 있는 알파세대에게는 인지도를 견고하게 다지고, 그렇지 않은 알파세대는 잠재적 고객이 된다. 이렇게 알파세대를 인지하고 그들의 공감을 얻기 위해 노력하는 나이키는 양극화 소비에서 '정점'을 차지하고 있다. 모든 브랜드들은 나이키의 움직임이 주는 교훈을 반드시 인지해야 할 것이다.

알파세대가 돈을 바라보는 관점을 활용하기 위해서는 '정점'이 되고자 하는 노력이 필요하다. 브랜드와 기업의 가치를 충분히 인지시키고, 수많은 뉴미디어에서 알파세대에게 최대한 노출하는 전략을 구사해야 한다. 브랜드와 기업의 스토리에 공감한다면, 알파세대는 뜨겁게 응답할 것이다.

NFT 등 다양한 수단을 통해 끊임없이 알파세대와의 접점을 찾아나가는 나이키 (출처 : 나이키)

ALPHA GENERATION

Part
5

알파세대가
'놀이'를 바라보는 방식

알파세대가 즐기는 놀이, 숏폼이란?

알파세대는 디지털 키드(digital kid)라는 수식어가 아깝지 않다. 디지털 기기에 친숙하고, 디지털 세상에서 벌어지는 모든 일들을 잘 알고 있다. 그래서 이들을 이해하려면 디지털 미디어에 익숙해야 하고, 이들과 소통하려면 디지털 세상에 귀 기울일 필요가 있다.

디지털 키드의 놀이도 당연히 디지털 환경에서 이루어진다. 이들은 디지털 세상에서 많은 놀이를 하며 시간을 보낸다. 이 중 하나가 '숏폼'이다. 숏폼은 보통 1분 이내의 짧은 영상을 말한다. 틱톡, 쇼츠, 릴스 등에서 공유되는 영상이 대표적인 숏폼이다. 하지만 알파세대가 즐기는 숏폼은 생각보다 훨씬 더 다양하다. 스낵 컬처라고 부르는 웹드라마, 웹툰, 웹소설도 숏폼의 하나이다.

이렇다 보니 기업과 브랜드, 기관도 숏폼을 다양하게 활용하고 있는데, 특히 웹드라마와 웹툰에 상당히 관심이 많다. 스타벅스는 매장 파트너들의 이야기를 웹드라마로 만들었다. 주 타깃층이라고 볼 수 있는 Z세대와 밀레니얼세대뿐만 아니라 알파세대까지 잡기 위한 선택이다. 생각보다 알파세대의 음료 소비는 상당한 존재감을 드러내고 있다. 꼭 커피가 아니어도 카페에서 다양한 음

현재와 미래의 고객을 위해 스타벅스가 선택한 방식은 숏폼이다. (출처 : 스타벅스)

료를 소비한다. 그래서 스타벅스는 웹드라마를 활용해 알파세대 사이에서 인지도를 다지기 위한 다양한 시도를 펼치고 있다.

스낵컬처 :
웹드라마, 웹툰 그리고 웹소설 ——————◇

웹드라마를 활용하는 기업과 기관은 무척 많다. 인스타그램을 비롯해 유튜브까지 공략할 수 있는 좋은 선택이기 때문이다. 웹드라마의 방향은 조금씩 다르지만 대부분 기업이나 기관과 연관된 이야기들을 다룬다.

이 경우 과거처럼 지나치게 '홍보용' 성격을 띠기보다 공감을 이끌어 내는 에피소드로 좀 더 '드라마'에 가까운 형태를 보인다. 홍보 목적뿐만 아니라 캐스팅, 스토리라인 등에서 완성도가 높다는 뜻이다. 뉴미디어의 중심이 알파세대라는 사실을 감안할 때 웹드라마를 활용해 인지도를 높이고 잠재적인 소비세대를 공략하는 기회를 마련할 수 있다. 이처럼 알파세대와 거리를 좁히는 데는 기존 미디어보다 웹드라마가 더 유용하다.

웹툰을 활용하는 사례도 있다. 이때 단순한 웹툰이 아니라 알파세대가 몰려 있는 인스타그램을 활용한, 일명 '인스타툰'을 많이 이용한다. 인스타그램은 사진을 10장까지만 업로드할 수 있기 때문에 인스타툰도 숏폼에 해당한다.

금호타이어는 자체 캐릭터를 활용해 자신들의 이야기를 선보이는 인스타툰으로 많은 공감을 얻었다. Z세대를 집중 겨냥했다고 볼 수 있지만, 인스타그램에서 인스타툰을 주로 소비하는 세대가 알파세대인 점을 감안하면 알파세대와 Z세대를 동시에 잡는 선택이었다. 물론 타이어라는 소재는 알파세대와 조금 멀게 느껴질 수도 있다. 하지만 흥미로운 숏폼에 집중하는 알파세대를 겨냥해 잠재적 소비층에게 인지도를 넓히는 효과가 있다. 이처럼 알

인스타툰은 알파세대를 겨냥하는 좋은 홍보수단으로 자리 잡았다. (출처 : 금호타이어)

파세대는 이미 소비 정보에 다양하게 노출되어 있기 때문에 잠재
고객이라는 관점에서 적극적으로 기업과 브랜드를 알려야 한다.
금호타이어는 이런 목표를 인지했고, 알파세대에게 친숙한 숏폼
으로 성과를 높였다.

직관적 콘텐츠와 서비스, 이해력을 끌어올리다

직관적인 콘텐츠나 서비스도 숏폼에 속한다. 여기서는 '숏'이
라는 단어에 주목할 필요가 있다. 이해하는 데 걸리는 시간과 노
력이 '짧다'는 것이다. 굳이 많은 시간과 노력을 투자하지 않아도
원하는 결과를 짧은 시간에 얻을 수 있는 모든 서비스와 콘텐츠
가 숏폼에 해당한다. 이런 과정을 보통 '직관적'이라고 표현한다.
이 과정은 알파세대의 기준과도 같다. 알파세대는 정말 관심 있
는 분야가 아니라면 자신들의 시간과 돈을 투자할 마음이 없다.
따라서 서비스와 콘텐츠는 점점 직관적인 형태로 나아가야 한다.
각종 '간편 로그인' 서비스를 생각해 보자. 별도로 회원 가입을
하지 않아도 대부분 가입해 있는 포털 서비스나 카카오톡을 활용
해 로그인이 가능하다. 그래서 직관적인 간편 로그인 서비스를 도

입한 쇼핑몰은 알파세대에게 접근성이 좋을 수밖에 없다.

고객이 접근하는 환경을 뜻하는 UX도 마찬가지다. 알파세대가 선호하는 금융서비스 앱은 저마다 간단한 UX를 가지고 있다. 복잡하게 접근하는 환경은 애초에 없으며, 간단한 메뉴 구성을 통해 원하는 서비스에 곧바로 접근할 수 있다. 이런 직관성이 알파세대의 마음을 사로잡는 비결이다.

1분 이내의 영상, 숏폼의 최전선 ————————◇

틱톡, 릴스, 쇼츠 등에서 공유되는 모든 영상은 1분 이내의 숏폼이다. 알파세대는 숏폼을 가지고 다양한 놀이를 즐긴다. 게다가 숏폼 영상은 제작하기도 쉽다. 직관적이라는 뜻이다. 스마트폰만 있으면 모바일 환경에서 대부분의 촬영, 편집, 효과 삽입이 가능하다. 게다가 배경음악 등 음향 효과까지 쉽게 처리할 수 있다. 마음만 먹으면 이런 제작과정을 몇 분 안에 해낼 수 있다. 그만큼 간편하고 직관적이어서 알파세대가 열광할 수밖에 없다.

알파세대는 숏폼을 제작해서 올리는 것을 놀이처럼 즐기고 네트워킹을 한다. 인증과 계정 운영이 매우 간단하다 보니 기성세대가 TV를 보듯이 숏폼 플랫폼을 통해 세상을 본다. 이렇듯 알파세대의 숏폼 사랑은 남다를 뿐 아니라 네트워킹의 중심이기 때문에 기업과 브랜드들은 숏폼의 놀이터 안으로 들어가야 한다.

숏폼 장인들의 시대 ──────────◇

CU는 1분 이내의 영상을 활용해 '억대' 뷰를 뚝딱 뽑아냈다. 편의점에 대한 에피소드를 1분 이내로 기획해서 숏폼에 완전히 최적화된 영상을 만들었다. 편의점 에피소드를 1분 안에 정리하기

CU는 숏폼을 활용해 억대 조회수를 '뚝딱' 뽑아낸다. (출처 : BGF리테일)

가 쉬운 일은 아니다. 하지만 공감할 수 있는 지점을 극대화해서 1분 안에 모든 것을 전달하고 그 과정에서 CU의 다양한 장점과 제품을 노출시켰다. 알파세대가 편의점을 많이 이용한다는 점에서 볼 때 매우 영리한 접근이었다. 열광적인 반응은 곧 노출로 이어졌다. CU의 숏폼은 억대 뷰를 기록하며 많은 편의점 중에서 CU를 더 확실하게 인지시켰다.

심지어 자동차 엔진오일도 숏폼을 활용한다. 알파세대보다 Z세대에게 조금 더 초점이 맞춰져 있겠지만, 알파세대도 성인이 되

엔진오일도 숏폼을 활용하는 시대가 왔다. (출처 : SK엔무브)

면 운전을 하게 되므로 잠재적 고객에게 접근하는 전략이다. SK 엔무브는 숏폼의 일종인 웹툰을 통해 엔진오일의 개념, 교환주기, 차량별 엔진오일 선택방법 등을 소개했다. 기존의 광고보다 훨씬 흥미로운 방식이었으며, 전달력도 좋았다. Z세대, 조금 더 나아가서 알파세대까지 타깃팅하기에 좋은 선택이었다.

이처럼 다양한 종류의 숏폼은 알파세대의 놀이에서 많은 부분을 차지한다. 그래서 많은 기업과 브랜드, 기관까지 나서서 숏폼으로 자신들의 마케팅 메시지를 노출한다. 이런 점에서 볼 때 알파세대의 상징과도 같은 숏폼은 앞으로 더 다양해질 것이다. 흥미로운 주제로 숏폼을 시도하고, 선점하려는 노력이 반드시 필요하다.

나의 놀이는 소중하고 다양하다

나이가 들면 체력이 떨어져 제대로 즐길 수 없다는 것도 이제
는 옛말이다. 평균수명의 증가로 장년층도 자신의 놀이를 위해 아
낌없이 시간과 돈을 투자한다. 좋아하는 트로트 가수의 공연을 찾
아서 꽤 긴 시간을 열렬히 반응한다. 마치 10대가 아이돌 그룹에
열광하는 것처럼 말이다. 장년층의 이런 변화는 알파세대까지 영
향을 주고 있다.

알파세대는 자신의 놀이를 무척 소중하게 여긴다. 무엇과도 바
꿀 수 없는, 자신의 관심사에 집중하는 시간이기 때문이다. 알파
세대에게 놀이란 단순한 '킬링타임'이 아니다. 어쩌면 자신의 마

음을 바라보는 시간이기도 하다. 꼭 명상을 하거나 깊은 생각에 빠져야 하는 것은 아니다. 관심 있는 분야에 집중하며 충분한 시간을 보내는 것도 자신의 마음을 들여다보는 방법 중 하나이다. 예를 들어 A라는 친구가 농구를 좋아해 농구 콘텐츠를 열심히 소비하고 있다면 충분히 자신에게 집중하고 있는 것이다. 알파세대는 이러한 방식으로 자신을 바라보는 시간을 가진다.

숏폼이 흥미로운 플랫폼이라는 것은 누구나 알고 있다. 알파세대의 대표적인 놀이공간이라는 것도 안다. 그렇다면 어떤 방향으로 접근해야 할까? 알파세대는 특성상 한 가지에만 반응하지 않는다. 그래서 그들이 어떤 방향성을 좋아하고 소비하는지에 대한 인사이트가 필요하다. 방향성에 대한 논의가 지금부터 이야기하게 될 '숏폼의 콘텐츠 스타일'이다. 알파세대는 어떤 부분에 반응하고, 또 재미있게 여기는지 알아보자.

숏폼도 '도움'이 되어야 의미 있다 ⎯⎯⎯⎯ ◇

먼저 흥미롭거나 도움이 될 만한 정보는 어떨까? 충분히 재미있을 것이다. 실제로 정보 관련 숏폼 콘텐츠들이 상당히 좋은 반응을 얻고 있다. 실생활에 도움이 될 뿐만 아니라 관심사도 충족하기 때문이다. 예를 들어 패션 아이템에 관심이 생겼다고 하자. 모자를 코디하는 방법을 알고 싶다면, 1분짜리 모자 코디 정보가 담긴 콘텐츠에 반응하지 않을까? 관심사를 챙겨주는 고마운 콘텐츠이니 말이다.

알파세대는 특히 '리뷰' 콘텐츠를 좋아한다. 자신의 관심사를 소비할 때 필요한 몇 가지 판단기준을 제시하기 때문이다. 무조건 신봉하지는 않지만, 한 귀로 듣고 한 귀로 흘리지도 않는다. 솔직한 리뷰일수록 더 열정적으로 반응한다. 이런 반응 역시 '재미'에 대한 응답이다.

주목할 사항은 숏폼으로 올라온 리뷰 콘텐츠를 보고 재미를 느끼며 즐긴다는 것이다. 과거의 세대들은 제품이나 서비스에 대한 리뷰를 놀이처럼 소비하지 않았다. 하지만 알파세대는 리뷰를 보며 댓글 놀이를 하기도 하고 친구들에게 공유하기도 한다. 따라서 접근성에 재미까지 더한 숏폼 리뷰는 알파세대의 놀이로 충분히 소비될 수 있다.

GS리테일은 대화형 인공지능(AI) 서비스인 챗GPT를 재해석한 유튜브 쇼츠 '편GPT-편쪽이'를 선보였다. '편쪽이'는 알파세대를 칭하는 캐릭터 이름이다. 영상은 편쪽이가 흥미를 가지거나 도움이 될 만한 내용들을 질문에 답하는 방식으로 만들었다. '편쪽이'의 답변은 챗GPT에 GS25 관련 내용을 물어봤을 때 나오는

가상의 알파세대 편쭉이가 질문을 듣고 답을 해준다. (출처 : GS리테일)

주요 정보를 각색해 활용했다. 편쭉이와 같은 알파세대들은 열광적으로 반응했고, 공감대를 형성하는 데도 좋은 영향을 줬다.

숏폼으로 올라오는 리뷰나 정보 콘텐츠를 가볍게 보지 말아야한다. 알파세대와 소통을 시도하거나 또는 알파세대를 타깃으로하는 마케팅에 활용해 볼 필요가 있다. 실제로 알파세대는 숏폼에 반응하고 있고, 놀이로 소비하기 때문이다.

호기심을 해결하라 ————————◇

    호기심을 해결하는 콘텐츠는 어떨까? 충분히 좋은 놀이다. 누가 대신 해줬으면 하는 것을 대신 해준다면 너무 재미있기 때문이다. 호기심을 해결하는 내용이나 기존에 접하지 못했던 신기한 소재도 좋다. 익숙함보다는 생경함을 주는 이런 콘텐츠들도 충분히 재미가 있다.

    알파세대를 위한 숏폼 콘텐츠를 모니터링하던 중 흥미로운 콘텐츠를 발견했다. 제목은 '국수 기계'였다. 처음에는 국수 만드는 기계인 줄 알았는데, 맨 밑에 육수를 놓고 맨 꼭대기의 트레이에 국수를 넣어서 내려보내는 방식이었다. 국수가 육수에 푹 빠지면 맛있게 먹을 수 있는 기계라는 설명이다.

    그런데 생각해 보면 이런 기계가 꼭 필요한가 하는 의문을 가질 수 있다. 흥미롭기는 하지만 딱히 살 이유는 없다. 하지만 국수 기계 콘텐츠는 알파세대의 열렬한 지지를 받았다. 호기심이 해결되었다는 것이 첫 번째 포인트이고, 흔히 볼 수 없다는 생경함이 두 번째 포인트다. 2가지 요소가 합쳐지자 열렬한 반응이 터진 것이다.

멈출 수 없는 숏폼 놀이 ━━━━━━ ✦

사실 그간 알파세대의 마음을 사로잡은 콘텐츠들은 대부분 유사한 방향성을 가진다. 자신이 하고 싶지만 도저히 못하는 것들, 혹은 매우 신기한 대상을 소개하는 것들이다. 알파세대는 이러한 숏폼 콘텐츠를 보고 댓글을 달면서 즐긴다.

호기심을 해결하면 다음 과정은 어떻게 될까? 간단하다. 자신이 느꼈던 재미를 타인에게도 전하고 싶어 한다. 그러니 숏폼 놀이를 멈추지 않고 숏폼 영상을 타인에게 공유하는 것이다. 좀 더 적극적으로 나간다면, 해당 숏폼 영상이 보여준 메시지를 자신만의 관점으로 재해석할 수도 있다. 이런 식으로 알파세대는 멈출 수 없는 숏폼 놀이를 지속적으로 이어가고 있다.

CJ제일제당은 제품 홍보를 위해 다양한 부캐(부수적인 캐릭터)를 가진 연예인을 섭외해 부캐에 따라 숏폼 콘텐츠를 제작했다. 다양한 맛에 대한 호기심을 부캐의 스타일로 설명하는 콘텐츠다. 여기에 알파세대는 웃고 떠들며 마치 재미있는 놀이처럼 해당 콘텐츠를 소비했고, 자연스럽게 제품의 다양한 라인업을 알게 되었다.

알파세대에게는 숏폼 자체가 놀이인 만큼 자연스럽게 녹아들었을 때의 마케팅 효과는 훨씬 더 클 수밖에 없다. 따라서 콘텐츠

방향에 대한 고민을 통해 알파세대에게 좀 더 다가가는 기회를 마련하고, 이러한 트렌드에 맞춰 마케팅을 전개할 새로운 답을 찾아야 한다.

다양한 부캐로 맛에 대한 호기심을 자극하는 숏폼을 놀이처럼 즐긴다. (출처 : CJ제일제당)

'보이지 않는 그것'에 왜 열광하는가?

알파세대는 한마디로 메타버스 세대다. 이것을 부정하는 사람은 거의 없을 것이다. 메타버스라는 가상현실의 개념을 가장 잘 이해하는 세대다. Z세대도 이 개념을 완벽하게 이해하지는 못한다. 아니 적응하기도 쉽지 않다. 현실과 연결되어 있다고 하는데, 아무리 생각해도 그런 느낌을 받을 수 없다. 그래서 메타버스에서는 알파세대를 대상으로 한 다양한 마케팅이 펼쳐지고 있다.

여기에서는 메타버스 자체에 집중하지는 않을 것이다. 다만 알파세대가 메타버스와 같은 가상공간에서 펼쳐지는 놀이나 활동에 왜 그렇게 열광하는지 이유를 찾아볼 것이다. 그것이 바로 알파세대만의 특징이기 때문이다. 여기에서 말하는 가상공간이란 메타버스부터 혼합현실까지 포함하는 개념이다. '혼합현실'(Mixed Reality)이란 현실세계에 가상현실이 접목되어 현실의 물리적 객체와 가상의 객체가 상호작용하는 환경을 말한다.

알파세대는
가상공간에 가장 최적화된 세대 ——————◇

가상현실은 조금 부정적인 시각으로 본다면 '보이지 않는 것'이다. 우리가 마주하고 있는 현실은 모든 것의 실체가 명확하게 보인다. 하지만 가상현실은 보이긴 하지만 실제로 존재하지 않는 '가상'의 공간이다. 그렇다면 알파세대는 보이지 않는 것에 열광하고 있다는 뜻이다. 물론 알파세대가 맹목적으로 가상세계에 공감한다는 것은 아니다. 그들은 누구보다 똑똑하며, 정보를 많이 가진 세대다.

실제로 알파세대는 가상세계에서 많은 시간을 보낸다. 알파세대가 많이 이용하는 '로블록스'는 가상세계에서 즐기는 게임이 주를 이룬다. 하루 종일 머물러도 유저들이 직접 만든 새로운 게임들을 모두 즐길 수 없을 만큼 많다. 그래서 주로 그곳을 돌아다니며 공감대를 형성한다. 알파세대는 제페토, 젭 등의 플랫폼에서도 많은 시간을 보낸다. 가상공간의 상점에서 물건을 사고, 현실의 스마트폰으로 전송받아 교환한다. 가상공간에서 사람들을 만나 대화를 나누고, 아이템을 거래하기도 한다. 가상공간에서 벌어지는 축제와 콘서트에 참여하며, 각종 체험이나 이벤트를 즐기고 수많은 '인증'을 남긴다.

이렇다 보니 알파세대와 소통해야 하는 기업과 기관들도 메타버스를 단순히 가상의 놀이공간이 아닌 전반적인 IT 산업의 관점에서 바라보며 뛰어들고 있다.

디지털 키드의 확실한 존재감 ──────────◇

알파세대가 가상공간에서 놀이를 즐기는 가장 본질적이면서도 확실한 이유는 디지털 키드이기 때문이다. 아는 만큼 보인다고 했다. 알파세대는 어릴 때부터 디지털 환경에서 생활해 왔고, 누구보다 잘 알고 있다. 따라서 디지털로 만들어 낸 새로운 트렌드 중 하나인 가상공간에서 디지털 키드의 존재감을 확실하게 드러내는 것이다.

또 다른 이유는 가상현실을 받아들이는 방식이다. 밀레니얼세대와 기성세대들에게는 가상현실 자체가 마치 공상과학(SF) 영화처럼 느껴진다. Z세대도 어릴 때부터 친숙하게 느껴온 것은 아니다. 마치 영화에 나오는 듯한 세계에 대해 친밀감이나 접근성이 떨어질 수밖에 없다.

하지만 알파세대는 교육의 첫걸음을 뗀 순간부터 가상현실, 가상캐릭터와 함께해 왔다. 알파세대를 대상으로 한 교육 프로그램들은 대부분 가상공간, 가상선생님, 그리고 친구들과 연결해 주는 가상교실까지 다양한 개념들을 선보여 왔다. 학습지를 풀던 세대와는 완전히 다른 방식이다.

아주 어릴 때부터 가상현실을 접한 알파세대는 가상공간의 존

알파세대는 첫 교육의 시점부터 가상현실에서 소통해 왔다. (출처 : 교원)

재를 당연하게 받아들인다. 굳이 가상공간의 개념을 설명해 줄 필요가 없다. 기성세대에게는 어색한 가상공간이 이들에게는 아주 재미있는 놀이터이다. 그래서 현실공간과 동일 선상에서 이해하며, 혼합현실에도 가장 잘 적응하는 세대다.

가상현실과 돈을 연결할 수 있는 세대　　　　　　——————— ◇

　가상현실에 대한 이해도와 돈을 바라보는 방식을 결합하면 알파세대가 '아이템'을 바라보는 시선을 이해할 수 있다. 즉, 알파세대는 가상공간에서 사회생활, 쇼핑 혹은 인간관계까지 모두 진행할 수 있는 능력을 갖추고 있다.

　만약 당신은 현실에서 갖고 싶었던 물건을 가상공간에서 좀 더 싸게 살 수 있다면 어떻게 하겠는가? 단, 이 물건은 가상공간에만 존재하며 실물은 없다. 아마 대부분은 구매하지 않겠다고 말할 것이다. 별다른 가치가 없어 보이기 때문이다. 하지만 알파세대는 조금 다를 수 있다. 가상공간에 존재하는 아이템들을 누구보다 잘 이해하는 데다 자신의 관심사라면 기꺼이 투자한다. 가상공간이지만 현실보다 더 싼 물건을 구매하지 않을 이유가 없다. 가상현실에만 존재하는 물품을 사는 것에 거부감이 없는 것이다.

가상세계의 물건들을 '아이템'이라고 지칭한다. 꼭 게임 아이템만을 이르는 말이 아니다. 알파세대는 사고 싶었던 아이템을 가상세계에서 만나면 충분히 구매한다. 현실에서는 딱히 사고 싶지 않았지만 여기에서는 단순히 좋아 보여도 구매할 가능성이 있다. 실제로 가상세계에서는 아이템에 대한 소비가 많이 이루어진다. NFT뿐만 아니라 아이템을 사고파는 거래가 가상세계에서 다양한 매출을 이끌었다. 아이템 거래가 충분히 비즈니스의 한 분야가 될 수 있음을 보여준 것이다.

가상세계에서 현실과 비슷한 쇼핑 놀이를 즐기다 보면 친숙도는 더욱 올라갈 수밖에 없다. 따라서 알파세대를 타깃으로 하는 유통이나 상거래의 경우 더욱 다양한 접근이 필요하다. 소비를 놀이의 일부로 받아들일 수 있는 방식을 고민해야 한다.

소가죽이 아닌
0과 1비트로 생산된 샤넬백 ————————✧

명품 브랜드들이 앞다퉈 가상공간에 진입하고 있다. 가상공간에서 쇼룸을 열기도 하고, 실제로 존재하는 제품들을 아이템화해서 판매한다. 그래서 '현실에서 사기 어려운 명품을 가상공간에서 산다'는 우스갯소리가 나온다. 그런데 곰곰이 생각해 보면 조금 이상하다. 알파세대가 당장 명품을 구매할 수 있는 나이가 아니라는 것이다. 타깃이 조금 애매한 느낌이다. 물론 미래의 소비층과 미리 소통한다는 의미도 있을 것이다. 하지만 진짜 노림수는 아이템에 접근하기 쉬운 만큼 적극적으로 노출될 것이고, 이들이 아이템을 사고팔면서 제품을 인지하는 효과를 노리는 것이다.

이전 세대는 가상공간에 대한 이해도가 낮기 때문에 적극적

명품을 실물로만 산다는 건 이미 옛말이 되었다. (출처 : 제페토)

으로 거래하기 어렵겠지만 알파세대는 현실의 놀이처럼 아이템을 거래하며 브랜드를 인지한다. 명품들이 가상공간에 진입하는 이유다.

알파세대가 가상세계에 열광하는 이유는 익숙함과 이해도, 그리고 현실에서 벌이는 소비활동이 가상세계까지 그대로 이어지는 관점의 차이 때문이다. 그리고 다양한 요소와 놀이가 결합되면 가상세계의 파괴력은 더욱 강해진다. 가상세계에서 벌어지는 알파세대의 놀이는 앞으로도 계속될 것이다. 이 놀이의 방식, 소재를 선점하는 기업과 브랜드, 기관이 알파세대의 트렌드를 리드할 가능성이 높다.

제작과 인증을 통한 창의력 만렙의 세대

나는 랩 하는 걸 참 좋아했다. 랩으로 뭔가 대단한 걸 한다기보다 그냥 좋았다. 학창시절 청소년복지관에서 작은 힙합 동아리를 운영하며 나름 열심히 했다. 앨범을 내거나 데뷔하겠다는 목표는 없었다. 아주 좋은 취미, 말하자면 알파세대가 관심사를 바라보는 방식으로 랩을 바라봤던 것 같다. 그런데 지금 랩을 했던 기록이 전혀 남아 있지 않다. 스마트폰도 없던 시대이다 보니 사진이나 영상으로 남길 생각도 하지 못했다.

나의 경험에 알파세대를 대입해 보자. 과연 아무런 기록도 하지 않고 끝났을까? 그렇지 않을 것이다. 힙합 동아리를 하고 있다고 SNS에 수시로 인증하고, 숏폼에 영상을 올리며 놀이처럼 즐겼을 것이다. 정식으로 유튜브 영상을 촬영해 업로드했을지도 모른다. 꼭 래퍼가 되겠다는 꿈이 없다고 해도, 자신들의 놀이를 기록하고 업로드하는 것은 이들에게 매우 일반적인 일이다. 여기서 알파세대의 또 다른 특징이 나온다.

알파세대는 전 세대를 통틀어 가장 창의적인 세대. 그야말로 창의력 수준이 만렙(가장 높은 레벨)에 가깝다. 이유는 간단하다. 스스로 콘텐츠를 제작하고 업로드하는 데 너무나 익숙하기 때문이다. 유튜브 영상도 꽤나 손쉽게 제작하고, SNS용 콘텐츠를 업로드하는 과정이 숨을 쉬듯 자연스럽다. SNS에 인증해 달라는 말에 손사래를 치는 알파세대는 거의 없다. 그 정도로 알파세대에게는 익숙한 과정이다.

알파세대가 콘텐츠 제작과 업로드에 익숙해진 이유를 쉬운 것부터 조금 복잡한 것까지 하나씩 알아보자.

앞선 세대의 영향, 보고 느낀 게 무섭다 ──────◆

우선 기존 세대들의 영향을 생각해야 한다. 알파세대는 자신들의 육아 과정을 손쉽게 인증하는 부모세대를 보면서 자랐다. 그리고 자신들의 생각이나 감정을 숨김없이 SNS에 드러내는 Z세대를 가까이에서 봐왔다. SNS를 비롯한 뉴미디어에 자연스럽게 사진이나 영상을 공유하기 시작한 MZ세대의 영향을 동시에 받은 것이다.

애초에 환경은 변화하고 있었다. 기성세대들은 자신들의 이야기를 외부에 적극적으로 공개하기를 꺼렸지만, 밀레니얼세대부터는 확실한 변화의 바람이 불었다. 자신을 표현하는 데 익숙한 성향과 맞물려 알파세대의 창의력은 업로드를 위해 더 폭발할 수밖에 없었다.

창의력을 뒷받침하는 '기기'의 존재감 ─────◇

게다가 '기기'도 발전했다. 알파세대는 스마트폰과 IT 기기들로 과거보다 훨씬 좋은 콘텐츠를 만들어 낼 수 있다. 해상도도 좋아서 웬만한 전문 장비보다 더 멋진 사진과 영상을 찍을 수 있다. 그만큼 스마트폰의 '스펙'이 좋아졌다. 기기의 성능이 떨어졌다면, 알파세대는 이만큼 각종 콘텐츠 제작과 인증에 나서지 않았을 것이다. 창의력을 충분히 뒷받침하는 기기 덕분에 알파세대는 업로드를 두려워하지 않는다.

타인과 소통하고 싶다면, 나도 올려야 한다? ──────◇

또 하나는 '기브 앤 테이크'이다. 서로 주고받는다는 것인데, 이 것이 알파세대의 창의력에 기름을 부었다. 나는 SNS를 '시간을 공유하는 공간'이라고 표현한다. 이 말에 많은 사람들이 고개를 끄덕인다. 나의 시간을 공유하고, 타인이 어떻게 시간을 보냈는지를 보며 소통하는 것이다. 하지만 모든 것은 주고받아야 한다. 타인의 시간을 보는 만큼 나의 시간도 공유해야 한다. 일명 '눈팅'은 오래가기 어렵고, SNS에서도 환영받지 못한다.

알파세대는 SNS에 대한 이해도가 높다. 각종 콘텐츠 제작과 인증으로 자신의 시간을 공유하고, 타인의 시간을 감상하면서 활발한 소통 구조를 만들어간다. 창의력도 없고 제작이나 인증에 익숙하지 못하다면 SNS 환경을 끌고 갈 수 없다. 풍성한 SNS 생활과 소통을 위해 알파세대는 자신들의 창의력을 시험하고 있다.

창의력을 시험할 수 있는 기회 제공 ──────◇

알파세대는 온라인 환경에서 '멍 때리기'를 싫어한다. 일상에서는 가끔 아무런 생각도 하지 않고 시간을 보내며, 작은 휴식을 즐기기도 한다. 하지만 온라인 환경에서 멍 때리기는 반갑지 않다. 멍한 표정으로 콘텐츠를 보기만 하는 것은 수동적인 움직임의 극치다. 뭘 해도 자신의 관심사에 맞추길 바라는 알파세대가 이런 수동적 움직임에 공감하기는 어려울 것이다.

소위 '뭐라도 해야' 한다. 참여, 업로드 등 간단한 활동들을 통해 자신들의 창의력을 시험해야 한다. 그래서 기업과 브랜드는 알파세대들이 창의력을 시험할 수 있는 기회를 제공하는 것이 중요하다. 무언가를 만들고, 인증하며, 자신만의 스타일을 보여줄 수 있는 판을 깔아줄 필요가 있다.

조금 부정적인 어감으로 말하면, 알파세대는 '제각각'이다. 각자의 관심사에만 집중하다 보니, 하나의 형태로 모이는 경우는 찾아보기 어렵다. 모두에게 적용되는 마케팅 프로젝트는 애초에 존재할 수 없다. 그러니 알파세대의 창의력을 주목해야 하는 것이다. 미션만 주어지면 각자의 방식대로 소화할 테니 말이다.

이런 점에서 제각각이 오히려 좋다. 다양한 콘텐츠가 나올 수 있고, 그 자체가 흥미로운 놀이가 될 수 있다. 과거의 제작 또는 인증 프로젝트들이 조금 획일적인 모습이었다면, 알파세대는 오히려 제각각이라 훨씬 매력적이다. 언제든 제작과 인증에 나설 준비가 된 알파세대의 창의력을 자극할 수 있는 다양한 아이디어를 떠올려야 한다.

창의력의 플러스알파는 '인싸력' ───────────◇

　신한카드는 알파세대를 대상으로 캐릭터 마케팅을 진행해 큰 반응을 얻었다. 편의점들도 캐릭터 마케팅에 나섰다. 식품부터 굿즈, 문구와 완구류 등 제품도 다양하다. 게다가 다양한 협업은 어김없이 좋은 성과를 보였다.

　알파세대는 팬심이 강하고, 덕질을 좋아하는 세대이니 캐릭터 마케팅은 결국 캐릭터의 팬을 자청하는 알파세대들을 겨냥한 움직임이라고 볼 수 있다. 그런데 한편으로는 이것이 창의력을 자극한다는 사실을 생각해 봐야 한다. 물론 사진작가처럼 구도를 고

캐릭터 마케팅은 팬들의 창의력을 자극한다. (출처 : 세븐일레븐)

려하고, 작품성을 생각하는 수준은 아니다. 하지만 자신이 좋아하는 캐릭터 제품을 인증하기 위해 사진의 작품성을 고민한다. 대단한 수준은 아니지만 다양하게 찍어보고 만족스럽게 나온 사진과 동영상을 SNS에 올린다. 릴스나 쇼츠 같은 숏폼을 활용해 간단한 소개와 리뷰 영상을 제작할 수도 있다. 즉, 자신이 좋아하는 것에 창의력을 쏟아붓는 것이다.

캐릭터 마케팅은 알파세대의 팬심뿐 아니라 창의력을 겨냥한 것이다. 기업은 인증이 많이 올라올수록 반가운 일이다. 자연스럽게 바이럴 효과를 노릴 수 있기 때문이다. 하지만 억지로 유도한다면 좋은 결과를 기대하기 어렵다. 캐릭터 마케팅을 통해 자연스러운 확산을 노리는 것이 바람직하다.

다만 한 가지 유의해야 할 것은 창의력이 아무 때나 나오지 않는다는 점이다. 그래서 적절한 보상은 언제나 필요하다. 인증이나 콘텐츠를 업로드했을 때 상품이나 가벼운 리워드를 제공한다면 좋은 동력이 될 것이다.

소위 '인싸력'을 상승시킬 수 있는 요소도 있어야 한다. 많은 사람들이 참여하는 챌린지는 매우 좋은 방법이지만, 자신이 리드할 수 있는 기회가 많지 않다. 정말 춤을 잘 추거나 노래를 잘 부르지 않는 한 웬만해서는 참여하지 않는다. 그보다는 사람들이 좋아할 만한 아이템이나 한정판 같은 것들을 편하게 인증하는 경우가 많다. 관심을 집중시킬 수 있기 때문이다. 따라서 챌린지처럼 재능을 보여주는 것보다는 한정판 또는 납득이 갈 만한 브랜딩으로 인싸력을 끌어올릴 수 있는 기회를 주어야 한다.

마지막으로 복잡한 과정이 없어야 한다. 업로드까지 모든 과정이 간단해야 한다. 참여하는 과정이 복잡하다면 알파세대는 바로 이탈할 것이다. 편리한 참여가 알파세대의 창의력을 자극한다는 것을 기억하자.

알파세대는 언제든 자신들의 창의력을 발휘할 준비가 되어 있다. 적절한 이유만 있다면 알파세대는 우리의 이야기로 타임라인을 가득 채워줄 것이다. 알파세대의 창의력에 주목하라. 이들이 역사상 가장 창의적인 세대로 남을 것이다.

가구 회사가 강연 콘텐츠를 올리는 이유

뉴미디어를 보면 유난히 연관성을 찾기 어려운 콘텐츠가 많다. 마케팅에서 중요한 것이 '연관성'인데 말이다. 보통 기업과 브랜드를 최대한 떠올리게 하는 방식들을 고민하다 보면 단 한 가지라도 연관된 부분들을 넣는다. 마케팅의 기본은 제품과 브랜드, 서비스를 확실하게 인식시키는 것이기 때문이다. 하지만 이 목표가 여전히 유효할까?

광고보다 콘텐츠가 많아진 시대다. 더 정확히 말하면 광고의 메시지를 담은 콘텐츠가 많아진 시대다. 이것을 '브랜디드 콘텐츠'라고 하는데, 많은 기업과 기관들이 시도하고 있다. 알파세대와

Z세대를 집중적으로 겨냥해서 말이다. 이는 알파세대와 Z세대가 브랜디드 콘텐츠를 활용한 방식에 공감하고 있다는 뜻이다. 우선 알파세대와 Z세대를 아우르는 사례들을 몇 가지 살펴보자.

니가 왜 거기서 나와? ——————◇

가구, 특히 침대를 만드는 시몬스는 유튜브에서 자신들의 상품 영역과 전혀 관련 없는 콘텐츠를 올린다. 이를테면 콘서트, 강연과 같은 것들이다. 뉴미디어를 활용하고 있으니 Z세대를 타깃으로 하고 있을 것이고, 좀 더 나아가면 미래의 소비층인 알파세대에게 인지도를 높이려는 의도도 숨어 있을 것이다. 강연 콘텐츠의 경우 접근성이 조금 떨어질 수 있지만, 콘서트를 비롯한 흥미로운 콘텐츠들은 알파세대도 충분히 접근할 가능성이 높다.

하지만 이러한 의도와 상관없이 연관성은 전혀 보이지 않는다. 침대와 강연, 침대와 콘서트가 무슨 상관이 있겠는가? 기존의 마케팅 개념과는 전혀 다른 시도가 이루어지고 있는 것이다. 그런데 시몬스와 같은 사례는 의외로 자주 만날 수 있다. 범위를 좀 더 넓히면, 흥미로운 이야기들을 많이 찾을 수 있다.

증권회사의 유튜브에서는 세계사와 관련된 콘텐츠가 올라온

시몬스는 왜 상품과 전혀 연관 없는 콘텐츠를 올리는 걸까? (출처 : 시몬스)

다. 딱히 연관성이 없는데도 시즌제로 연속성 있는 콘텐츠를 선보이며 꾸준히 시청자층을 넓혀가고 있다. 이 영상들을 통해 증권회사는 Z세대 고객들을 확보할 수 있고, 단순히 콘텐츠를 보고 접근한 알파세대까지 아우르는 효과를 창출했다.

통신사에서 트렌드와 채용에 대한 이야기를 하는 경우도 있다. 이 역시 굳이 찾고자 하면 연관성이 전혀 없는 것은 아니지만 딱히 발견하기는 어렵다. 하지만 Z세대와 함께 알파세대까지 구독층으로 끌어들이며 브랜드 인지도를 확실히 높이는 효과를 거두고 있다.

이처럼 기업들은 최근 들어 자신들의 사업 영역과 아무런 연관이 없는 콘텐츠를 선보이는 마케팅을 펼친다. 더 흥미로운 건 이런 사례가 매우 많다는 사실이다. 그런데 알파세대와 소통해야 하는 지금의 시점에서, 맥락 없는 듯한 콘텐츠가 쏟아지고 있는 이유는 무엇일까?

광고보다 콘텐츠를 선호하는 알파세대 ──────────◇

알파세대의 특성과 연관지어 생각해 보면 답이 나온다. 알파세대는 뉴미디어를 대부분 놀이의 형태로 소비한다. 유튜브에서 영상을 보는 것도 놀이고, SNS에서 영상이나 사진을 보는 것도 놀이다. 그렇다면 놀이의 일부로 소비가 가능한 마케팅 수단이 나와야 한다. 하지만 일반적인 광고로는 이 목표를 달성하기 어렵다.

알파세대는 자신의 관심사가 매우 중요한 세대다. 자기 관심사와 일치하지 않는 것에는 눈길조차 주지 않는다. 광고라면 더더욱 외면할 것이다. 그러니 기업들은 아예 다른 생각을 하기 시작했다. 알파세대가 놀이처럼 즐기는 영상이나 이미지 콘텐츠와 가장 유사한 형태의 마케팅 수단을 떠올린 것이다.

이 과정에서 등장한 것이 바로 '연관성 없는 콘텐츠'다. 관련 없지만 소비가 가능한 콘텐츠를 내세우면 기존 광고보다 접근하기 쉽다. 직접적인 마케팅 효과는 조금 떨어질 수 있겠지만 콘텐츠로 소비한다는 점에서 기업과 기관 또는 브랜드의 입장에서 손해 볼 것은 없다. 오랜 시간 소비할 수 있다면 오히려 더 좋을 수도 있다. 마지막에 업로드 주체를 알게 되었을 때, 충분한 인지도 확보가 가능하기 때문이다. 이는 뉴미디어 자체를 놀이로 보는 알파세대의 특성을 고려한 새로운 접근방식이다.

마치 넷플릭스를 생각나게 만드는 맘스터치의 시도는 상당한 호평을 받았다. 물론 〈엄마를 찾아서〉라는 제목과 맛있는 치킨을 찾기 위해 노력한다는 내용을 고려하면, 맘스터치와 연관성이 아예 없는 것은 아니다. 하지만 이 콘텐츠를 처음 접했을 때 대부분의 알파세대는 연관성보다 콘텐츠 자체에 주목했다. 우리가 익히 알고 있는 유명 배우들과 화려한 포스터의 조합을 먼저 인식했기 때문이다.

영상에서는 유머러스한 연출과 적당한 마케팅 메시지가 결합되어 맘스터치와 연관성을 찾을 수 있다. 이 프로젝트는 '드라마'처럼 인식되어 기대 이상의 마케팅 효과를 얻었다. 이처럼 연관성에 매달리기보다 콘텐츠 자체로 승부하는 마케팅이 많아지는 이유는 알파세대의 '놀이'로 선택되기 위함이다.

맘스터치 오리지널은 여러모로 호평을 받았다. (출처 : 맘스터치)

팬의 형성은 콘텐츠로부터 ────────◇

또 다른 한 가지는 '팬'을 만드는 것이다. 알파세대는 자신이 좋아하는 콘텐츠나 제품에 열광한다. 그래서 특정 브랜드나 기업의 팬이 되기 쉽다. 한번 관심을 기울이면 상당히 몰입하기 때문이다. 단순히 '팬클럽'으로 생각해서는 안 된다. 자신이 좋아하는 콘텐츠를 꾸준히 보고, 지속적으로 접근하는 것 역시 팬의 모습이다. 꾸준히 접근하려면 당연히 좋은 콘텐츠를 계속 공급해야 한다.

콘텐츠는 다양한 방식으로 시도할 수 있다. 접근성을 높이는 것이 목적이므로 반드시 연관성을 따질 필요는 없다. 알파세대가 꾸준히 봐주기만 한다면, 기업이나 브랜드가 의도한 노출 효과는 충분히 달성할 수 있다.

요청보다 '시청'에 집중하라 ────────◇

여기서 한 가지 주의해야 할 점은 콘텐츠를 통해 팬이 되어달라고 직접 요청해서는 안 된다는 점이다. 알파세대는 억지로 소통을 유도하거나, 특정한 반응을 기대하고 접근하는 것을 반기지 않는다. 억지 행동을 유도하면 자연스럽게 튕겨 나간다. 무엇보다 알파세대는 재미만 있으면 충분히 반응한다. 따라서 콘텐츠 자체의 질을 끌어올리는 방법과, 의미 있는 콘텐츠를 계속해서 이어 나갈 아이디어를 고민하면 된다.

지속성만 있다면 알파세대는 알아서 반응한다. 반면 지나치게 '의도'를 노출하는 순간 알파세대의 관심은 멀어지기 시작할 것이다. 이유는 간단하다. 계속 강조해 온 부분이지만, 콘텐츠를 소비하는 것은 놀이의 일부이기 때문이다. 누군가 의도적으로 강요한다고 해서 놀이가 되는 것이 아니다. 또한 각자의 놀이 방식이 다르기 때문에 타인이 정해 줄 수도 없다. 의도된 콘텐츠는 마치 알파세대의 놀이를 인위적으로 조종하려는 시도와 같다. 매우 위험하다는 것이다.

이게 광고야, 뮤직비디오야? ——————◇

코카콜라는 매스미디어형 광고를 버리지 않았다. 우리가 익히 알고 있는 제품이나 모델이 등장하는 광고로 TV나 유튜브 타임라인을 공략하는 방식이다. 하지만 이와는 별개로 새로운 모델과 함께 CM송을 발표하고, 광고보다는 뮤직비디오에 가까운 형태의 콘텐츠를 선보이고 있다. 뮤직비디오를 보면서 알파세대는 자

코카콜라는 매스미디어를 공략하는 기존의 마케팅 방식과 함께 알파세대를 겨냥한 새로운 마케팅 방식을 시도하고 있다. (출처 : 코카콜라)

연스럽게 코카콜라에 동화되고, 다음 콘텐츠를 기대한다. 제품을 의도적으로 광고하지 않아도 알파세대는 선호하는 콘텐츠에 반응한다. 뮤직비디오는 놀이가 될 수 있기 때문이다.

알파세대의 놀이는 콘텐츠가 존재해야 가능하다. 과거처럼 명확한 매스미디어형 광고와 함께 뉴미디어 공간에서 놀이를 책임질 수 있는 콘텐츠를 선보이는 투트랙 전략으로 알파세대를 공략할 필요가 있다. 어느 한쪽에만 집중할 필요는 없다. 세대별로 특징이 다르니 다양한 방향성을 가지고 각 세대를 공략할 수 있는 지혜를 발휘해야 한다.

ALPHA GENERATION

Part
6

알파세대가
'마케팅'을 바라보는 방식

마트에는 시식 코너가 있다. 코로나19 팬데믹 기간에 잠깐 사라졌지만, 엔데믹 선언 이후 많은 시식 코너가 다시 돌아왔다. 이유는 간단하다. 시식 코너만큼 직관적으로 경험을 전달하는 수단이 없기 때문이다. 먹어보고 맛있으면 사고, 입맛에 맞지 않으면 사지 않는다. 돌아오지 않는 메아리처럼 느껴지는 광고 송출보다 훨씬 더 직관적인 마케팅이다. 그래서 시식 코너는 사라지지 않고 계속 대중들을 상대하는 마케팅 방법 중 하나로 활용되고 있다.

시식 코너가 주는 교훈을 알파세대에게도 적용할 수 있다. 알파세대를 위해 무조건 시식 코너를 오픈하라는 뜻이 아니다. 시식 코너와 같은 직관적 경험을 제공하라는 것이다.

나는 평소 강연에서 '경험의 중요성'을 강조한다. 어쩌면 경험 마케팅 신봉자인지도 모르겠다. 이런 나의 생각은 알파세대를 만나면서 더욱 뚜렷해졌다. 알파세대는 스스로 경험해 보지 않으면 영원히 접근하지 않기 때문이다. 도대체 왜 그럴까?

'콜 포비아' 시대가 말하는 메시지

'콜 포비아'라는 말이 있다. 전화를 두려워한다는 뜻이다. 온라인 환경에 익숙한 사람들에게 흔히 나타나는 현상이다. 예전에는 사려고 하는 물건에 대해 궁금한 점이 있으면 상점에 전화를 걸어 문의했다. 궁금증을 해결하는 거의 유일한 방식이었다.

하지만 요즘은 전화 외에도 다양한 수단이 있다. 홈페이지에 글을 남겨도 되고, 포털이 제공하는 메신저를 활용해도 된다. 우리가 항상 쓰는 카카오톡도 있다. 대부분의 고객센터가 카카오 계정을 가지고 있어서 바로 문의하면 된다. 그러다 보니 전화는 점점 멀어지고 있다. 카카오톡이 가져온 메신저 생활이 더욱더 전화의 쓸모를 줄였다. 대부분의 생활 관련 서비스들이 카카오톡으로 연결되어 있다 보니 온라인 환경에 익숙한 알파세대들은 전화

통화가 어렵게 느껴질 수밖에 없다.

알파세대는 전화보다 카카오톡과 메신저로 질문하고 답하는 것이 훨씬 더 편하다. 친구들과도 카톡, 메신저, SNS 댓글 등으로 대화를 나눈다. 전화는 아예 선택지에서 제외된다. 심지어 같은 공간에 있어도 말이 아닌 카톡으로 대화를 나눈다.

알파세대의 이런 특성을 고려해 보면, 이들은 궁금한 것이 있어도 적극적으로 찾으려 하지 않을 것이다. 자신이 두 팔을 걷어 붙이고 나서서 전화 등 다양한 수단을 동원해 정보를 얻으려 하지 않는다는 뜻이다. 물론 온라인을 활용하지만 즉각적으로 물어보고 해결하려는 적극성은 부족하다.

그렇다면 기업과 브랜드가 정보를 세팅해 두고 기다려야 하는데, 이마저도 신통치 않다. 그래서 제품이나 서비스를 미리 사용해 보고 선택할 수 있는 경험을 제공한다. 이 방법은 알파세대에게 매우 필요하고, 앞으로도 핵심적인 마케팅으로 자리매김할 것이다.

자꾸 '한 달은 무료'를 제공하는 이유 ───────◇

'한 달 무료'라는 말은 이제 흔하다. 처음에는 주로 음원이나

OTT 같은 미디어에서 많이 활용하더니, 이제는 생활서비스를 비롯해 게임 구독서비스까지 최소 한 달은 무료인 경우가 많다. 최근 들어 이런 마케팅 활동은 알파세대를 타깃으로 하는 제품과 서비스에서 매우 핵심적인 방법이 되었다.

알파세대에게 친숙한 게임을 예로 들어보자. 디지털 키드인 알파세대는 게임에 익숙하고 눈높이가 매우 높다. 하지만 게임은 전화나 메신저로 정보를 물어볼 수 없다. 게임 스트리머와 크리에이터들의 영상을 보는 것이 전부다. 다른 사람들의 게임평을 참고할 수 있지만, 각자의 성향에 따라 조금씩 다를 수도 있다. 이렇게 답답한 상황이지만, 전화로 문의할 수 있는 고객센터가 있다 하더라도 알파세대는 이용하지 않을 것이다.

결국 직접 게임을 해보도록 하고, 게임 구독서비스도 직접 들어가 볼 수 있게 해줘야 한다. 스팀이라는 게임 플랫폼은 게임 종목을 바꿔가며 '무료 플레이'를 제공한다. 이를테면 주말 동안 인기 게임 한 가지를 무료로 해볼 수 있도록 오픈하는 것이다. 이런 경험 자체가 마케팅 방식이라는 점에 주목해야 한다. 특히 게임처럼 한 번 경험해 보면 쉽게 이탈하기 어려운 서비스나 제품은 무조건 경험을 제공할 필요가 있다.

알파세대는 사실 게으르다?　　　　　　 ──────◆

경험에 주목해야 하는 또 다른 이유는 게으름 때문이다. 알파세대는 자신이 관심 있는 분야 외에는 무척 게으르다. 딱히 눈길을 돌리지도 않고, 각자의 관심사에만 집중하며 '따로' 논다. 몇 명의 알파세대가 모여 있어도 공통된 관심사를 찾기 어렵다. 그러다 보니 의견을 모으기가 가장 어려운 세대이기도 하다.

예를 들어 학교 행사를 위해 '반 티셔츠'를 제작하기로 했다. 각자 자신의 관심사에 따라 다른 이야기를 할 것이다. 원하는 캐릭터 콘텐츠가 다를 테니 다양한 의견이 오간다. 이때 자신이 원하는 방향대로 간다면 열심히 참여하겠지만, 관심사에서 이탈하기 시작한 친구들은 무척 게으른 행동을 보일 것이다. 이는 공동체 의식의 부재가 아니라 성향 자체가 그런 것이니 그냥 자연스럽게 받아들여야 한다.

이러한 성향이 기업과 기관, 브랜드에게는 상당히 골치 아프다. 확실한 팬층은 열렬히 지지하겠지만, 그렇지 않은 알파세대는 관심이 없기 때문이다. 물론 팬층도 중요한 소비자다. 하지만 팬층의 소비만으로는 지속적인 운영이 어렵다. 팬층을 넘어 범대중적으로 새로운 고객을 끊임없이 확보해야 살아남을 수 있다.

이에 대한 해결책은 '경험'이다. A는 게임에 별다른 관심이 없다. 차라리 자신이 좋아하는 프라모델을 모으는 데 관심이 많다. 어느 날 교문을 나서는데, 게임 회사가 와서 체험 팩을 나눠주고 있다. A는 과연 아무런 관심 없이 교문을 지나칠 수 있을까? 그렇지 않을 것이다. 자신의 관심사와는 조금 거리가 있다고 해도, 경험을 권하는 손길을 그대로 지나치기는 어렵다. 시식 코너에서 줄을 서는 것과 같다. 이처럼 알파세대는 관심사에서 벗어난 상황에는 게으른 성향을 보이지만, 경험 자체에는 성실히 반응한다.

가만히 있고 싶지만 경험은 하고 싶다? ─────────✧

애초에 알파세대는 새로움에 목말라 있다. 그래서 추구하는 관심사도 많고, 늘 새로운 경험을 찾아다닌다. 그렇다면 이제 기업과 브랜드가 나서서 새로운 경험을 권해야 한다. 알파세대의 게으름을 타파할 수 있는 가장 확실한 방법이 경험이다. 경험을 제공하지 않으면 영원히 우리의 제품과 서비스에 접근하지 않을 수도 있다. 조금은 절박한 마음으로 알파세대의 성향을 읽고, 경험을 제공해야 한다.

결국 알파세대는 직접 해봐야 믿고 움직인다. 입소문에 대한 반응도 약하고, 리뷰는 선택기준 중 하나일 뿐이다. 경험도 물론 선택의 기준 중 하나이지만 직접 체득한 정보이므로 신뢰도가 높다. 그래서 경험을 통해 소비하고, 경험을 공유하기 위해 SNS 등 뉴미디어에 접근한다.

알파세대를 적극적으로 겨냥하는 것이 바로 AI와 메타버스다. AI 캐릭터들과 소통하며 자연스럽게 대화하고, 관심사에 맞춰 백과사전 기반의 지식을 습득할 수 있다. 놀이와 학습을 융합하는 방식인데, 평면적이지 않고 AI 캐릭터를 활용해 흥미로운 접근이 가능하다. 기술의 발달로 AI 캐릭터가 친구 같은 존재감을 드러낸다. 알파세대에게는 굉장히 새로운 경험이다.

AI와 디지털을 활용한 새로운 경험들은 알파세대의 눈길을 사로잡고 있다. (출처 : LG유플러스)

꼭 놀이가 아니어도 알파세대가 자신의 관심을 쏟는 대상은 대부분 경험을 통해 결정된다. 심지어 학습조차 경험으로 이루어진다. 주입식 메시지가 아니라 자연스러운 경험으로 결정한다는 것을 기억하자. 다시 한 번 강조하지만, 알파세대는 경험해 보지 않는 것에는 영원히 접근하지 않는다.

성수동과 강남은 왜 팝업스토어의 성지가 되었을까?

성수동과 강남, 홍대입구에는 팝업스토어가 많다(지리적인 이점은 여기서 접어두자). 나 역시 팝업스토어를 열 기회가 생긴다면 이곳을 선택할 것이다. 그런데 '한 집 건너 하나'가 팝업스토어라고 할 정도로 너무 많다. 건물 일부를 사용하는 곳부터, 건물 하나를 통째로 사용하는 곳까지 그야말로 팝업스토어의 천국이다.

기존에 팝업스토어는 대부분 백화점 안에 있었다. 일정 기간 동안 입점해 식품 위주로 판매하거나 세일 제품을 선보이는 매대들이다. 하지만 번화가에 팝업스토어가 등장하며, 팝업스토어의 개념이 과거와 달라졌다. 일정 기간만 오픈한다는 것은 동일하지만, 판매보다 경험에 초점을 맞춘다. 팝업스토어에서 제품을 전혀 판매하지 않는 곳도 많다. 기본적인 개념은 같지만 활용방식은 180도 다르다.

도대체 왜 이렇게 팝업스토어가 많아진 걸까? 결론부터 말하면, 알파세대와 Z세대를 집중적으로 타깃팅하기가 쉽기 때문이다. 경험에 반응하고, 경험을 찾아다니는 세대에게 기업과 브랜드가 나서서 경험을 제공하는 것이다. 이처럼 경험할 수 있는 판을 미리 짜놓고 그들을 맞이해야 한다. 여기에 정확히 들어맞는 것이 팝업스토어이다.

경험도 놀이, 팝업스토어가 제공하는 놀이의 시간 ──────────◇

경험도 결국 놀이다. 팝업스토어는 거대한 마케팅 공간이지만, 알파세대와 Z세대에게는 놀이의 공간이다. 애초에 체험할 만한 것들이 많고 흥미로운 공간으로 인식하기 때문이다.

신한투자증권의 '펑계고'를 보자. 증권회사에서 오픈한 흔치 않은 팝업스토어였다. 애초에 증권투자 상품을 팔 생각은 하지 않았다. 다만 Z세대 고객, 그리고 경제에 관심 있는 알파세대들의 이슈 몰이가 필요했다. 학교를 콘셉트로, 재미있고 신선한 수업을 통해 투자 이해도를 높일 수 있도록 총 3가지 미션으로 구성됐다. 해외주식 관련 OX 퀴즈인 '해외주식 부루마블', 갱지로 만든 레트로한 종이에 투자 시험을 볼 수 있는 '자산관리 학력 모의고사', 일상 속 금융과 관련된 문제를 풀고 자산관리 MBTI 해시태그 처방전을 받아볼 수 있는 '나의 해시태그 테스트'이다. 들어갈 때 생활안내문을 받고, 교복을 입고 체험도 하고, 미션을 완료하면 졸업장도 준다.

콘셉트에 충실한 팝업스토어를 즐기는 동안 이를 마케팅이라

하루 만에 졸업할 수 있는 고등학교가 있다. (출처 : 신한투자증권)

고 인식할 알파세대와 Z세대가 과연 몇 명이나 있을까? 아마 거의 없을 것이다. 그런 점에서 체험형 마케팅 방식인 팝업스토어는 그 자체가 신기하고 재미있는 놀이다. 해당 경험에 열광하고, 기업과 브랜드가 전달하려는 메시지에 흠뻑 빠져든다. 그래서 가장 핵심적인 소비세대를 상대하는 팝업스토어가 넘쳐나는 것이다.

사진과 영상이 쏟아진다, SNS 친화력 ──────────◇

팝업스토어의 장점은 하나 더 있다. 바로 SNS 친화력이다. 알파세대는 창의력 만렙(최고 레벨) 세대다. 언제 어디서든 사진과 영상을 찍어 SNS에 올린다. Z세대도 비슷한 성향을 가지고 있다. 이들의 감성을 자극할 수 있는 것은 '사진 찍을 만한 것' '영상 찍을 만한 것'이다. 매일 보는 평범한 것들보다는 새롭고 신기한 것들에 반응하는 것이 당연하다. 그래서 기업과 브랜드가 이런 콘텐츠 재료를 제공하면 알파세대와 Z세대는 반응할 준비가 되어 있다.

이런 관점에서 팝업스토어를 봐야 한다. 거기에는 알파세대가 원하는 콘텐츠 재료들이 널려 있다. 대부분 포토 스팟이 곳곳에 배치되어 있는데, 알파세대와 Z세대는 팝업스토어를 돌아다니며 신나게 사진과 영상을 찍는다. 이 사진과 영상은 고스란히 기업과 브랜드의 해시태그와 함께 SNS에 업로드된다.

알파세대와 Z세대를 동시에 겨냥한 밀키스 팝업스토어를 보자. 밀키스의 부드러움을 '구름'으로 표현했다. 입구부터 밀키스가 폭포수처럼 쏟아지는 대형 밀키스 폭포 포토존과 구름으로 가득 채워진 외관으로 구성되어 있다. 사진을 찍어달라고 말하고 있는 것 같다. 2층에도 각종 포토존이 있다. 입구부터 2층까지 건물 전체가 대형 포토존이나 마찬가지다.

마치 거대한 포토 스팟의 역할을 했던 밀키스 팝업스토어 (출처 : 롯데칠성음료)

보통 SNS는 인플루언서 마케팅이 주를 이루기 때문에 동시다발적으로 콘텐츠가 올라오지 않는다. 하지만 팝업스토어는 그걸 해낸다. 그래서 알파세대의 창의력을 극대화할 수 있는 마케팅 수단 중 하나가 바로 팝업스토어이다.

온몸으로 느끼는 생동감 ──────◇

마지막으로 알아야 할 요소는 '생동감'이다. 알파세대는 온라인에 친숙하고, 비대면 환경도 능숙하게 경험했다. 그런데 이 와중에 생동감이 이슈로 떠오른다. 온라인은 현실의 인간관계에서 벌어지는 골치 아픈 일이 거의 없기 때문에 편하다. 하지만 생동감은 약하다. 마치 가상현실 헤드셋을 쓴 것 같은 느낌이다. 분명 무언가를 경험하고 있는데, 현실의 경험보다는 재미없게 느껴진다.

비대면 환경이 일상화되면서 생동감에 대한 이슈는 오히려 더 커졌다. 알파세대는 자신들의 오감을 만족할 경험을 찾기 시작했다. 생동감 넘치는 경험에 반응하기 위해서다. 그러니 자연스럽게 발품을 팔아 재미있는 공간을 제공하는 팝업스토어를 직접 찾아가는 것이다.

삼성은 Z세대의 구매욕도 자극해야 하고, 미래의 고객인 알파세대도 상대해야 한다. 알파세대가 삼성에 동화되며 성장해야 구매력이 생겼을 때 삼성을 선택할 테니 말이다. 그래서 준비한 '삼성 강남'은 거대한 놀이터다. 곳곳에 존재하는 포토 스팟뿐만 아니라 모든 기기를 체험할 수 있다. 단순히 체험만 하는 게 아니다. 삼성 기기가 제공하는 모든 엔터테인먼트를 경험해 볼 수 있다. 이처럼 알파세대와 Z세대가 생동감을 얻을 수 있도록 기업과 브랜드는 팝업스토어로 대응하고 있다.

이런 이유로 팝업스토어가 대거 생겨났고, 기왕이면 유동인구가 많은 장소를 택하다 보니 성수동, 강남, 홍대에 집중된 것이다.

'삼성 강남'은 거의 놀이터와 같다. (출처 : 삼성전자)

앞으로 경험을 위한 팝업스토어는 더 많아질 것이다. 경험을 창조하면 그에 반응하는 알파세대와 Z세대들이 몰려들 것이기 때문이다. 팝업스토어가 말하는 메시지를 잘 이해하고, 경험의 중요성을 다시 인지하는 계기로 삼아보자.

알파세대는 왜 '약과'에 열광할까?

어릴 때 할머니가 주시던 추억의 간식이 있다. 약과, 식혜, 수정과, 유과 같은 것들이다. 솔직히 썩 입맛에 맞지는 않았다. 그냥 할머니가 주시니 받아 먹었다. 그런데 어느 순간 이런 간식들이 사라져버렸다. 첫 번째 이유는 할머니가 더 이상 곁에 안 계시기 때문이고, 두 번째는 명절에만 먹는 간식으로 인식되었기 때문이다. 명절이 가까워지면 어김없이 마트에서는 전통 간식류들을 눈에 잘 띄는 매대에 진열한다.

평소에는 전통 간식류가 딱히 떠오르지도 않고 일부러 사지도 않는다. 밀레니얼세대인 내가 이런데, 하물며 알파세대는 어떻겠는가? 어려서부터 전통 간식류보다 새로운 간식들을 먹으며 자랐고, 간식도 자신들의 기호에 맞게 선택하는 세대다. 전통 간식류에 친숙하지도 않고 아예 모르는 알파세대도 많다. 그런데 흥미로운 현상이 하나 나타났다.

편의점에서 약과가 팔리기 시작한 것이다. 단순히 팔리는 것을 넘어 '완판'까지 되고 있다. 이런 추세에 맞춰 편의점들은 약과 라인업을 늘리기 시작했다. 쿠키, 과자, 빵 등 다양한 제품으로 말이다. 편의점에서 약과를 구매하는 고객층을 분석해 본 결과, 알파세대와 Z세대가 약 70%에 달했다. 그런데 이들은 왜 자신들에게 익숙하지 않은 전통 간식류를 구매할까?

편의점에 약과가 이렇게 많아질 것이라고 생각한 사람은 없을 것이다. 세븐일레븐은 약과 매출이 200% 이상 증가했다. (출처 : 세븐일레븐)

할매니얼은 결국 레트로?   ——————◇

이 같은 트렌드를 가리키는 용어도 생겼다. 일명 '할매니얼'이다. 할매 입맛과 밀레니얼세대의 합성어다. 할매 입맛을 가진 젊은 세대를 두루 지칭한다고 보면 된다. 실제로 이 트렌드의 영향을 받아 카페들은 흑임자, 콩고물 등 고소한 맛이 나는 전통적인 식재료로 만든 메뉴를 출시하고 있다. 편의점의 행보도 할매니얼 트렌드의 영향을 받은 것이다. 하지만 알파세대와 Z세대가 왜 적극적으로 전통 약과 구매에 나섰는지 그 자체에 의문을 품어야 한다. 그들은 왜 친숙하지도 않은 제품을 열심히 구매하는 걸까?

이 현상을 설명하려면 필연적으로 '레트로'를 등판시켜야 한다. 과거에 유행했던 제품이나 코드를 현 시점에서 재해석해 다시 소비하는 것이다. 단순히 복고 바람인 줄 알았던 레트로는 소비 트렌드에 광범위한 영향을 미치고 있다.

대표적인 분야가 패션이다. 과거의 브랜드가 다시 론칭되고, Y2K 감성이 다시 살아나 거리를 물들인다. 특히 알파세대와 Z세대는 Y2K 감성을 '힙'하다고 해석한다. 그래서 아날로그 시절의 브랜드를 디지털 키드가 사 입는 현상이 펼쳐진다. 상황 자체가 매우 흥미롭다. 가끔 길거리에서 Y2K, 혹은 그 이전 감성의 옷을 입은 알파세대와 Z세대를 보면 타임머신을 타고 과거로 돌아간

듯한 착각이 든다. 이러한 흐름을 읽어낸 브랜드들은 줄줄이 재론 칭을 준비하고 있다. 앞으로 이런 사례는 점점 더 많아질 것이다.

Y2K 감성이었던 브랜드를 알파세대와 Z세대가 다시 입는다. (출처 : LEE)

알파세대의 심리적 불완전성

할매니얼을 포괄하는 레트로 현상이 나타나는 데는 여러 가지 이유가 있다. 그중 알파세대의 성향을 읽을 수 있는 가장 대표적인 2가지를 짚어보자.

첫 번째는 알파세대가 가진 심리적 '불완전성'이다. 사실 알파세대는 불완전한 세대다. 그 어느 세대보다 부유하다고 하지만, 심리적으로는 가난하다. 코로나19 팬데믹으로 인간관계를 제한받은 경험이 있고, 각자의 관심사에 따라 흩어지니 인간관계의 폭이 계속 줄어든다. 과거의 세대들보다 폭넓은 인간관계를 형성하지 못하기 때문에 외로움을 느낀다.

인간관계뿐만 아니라 사회적 배경도 불완전하다. 가족들의 투자가 집중되어 경제적으로는 부유할지 모르지만, 불확실성이 계속되는 사회 분위기 속에서 성장해야 한다. 기술의 발전은 놀라움을 가져다주는 한편, 지속적으로 불안감을 확대하는 상황이다. 그래서 알파세대는 여러모로 불완전함을 느끼는 지금 시대보다 오히려 잘 모르는 과거에 집중한다. 이에 따라 레트로 열기는 더 뜨거워지고, 전통 약과가 편의점에서 불티나게 팔려나가는 색다른 현상이 벌어지고 있다.

경험해 보지 못했으니 새롭다? ───────◆

또 다른 한 가지는 '새로움'이다. 경험해 보지 못했으니 새롭게 느끼는 것이다. 알파세대는 Y2K 감성을 비롯해 과거의 패션을 경험해 보지 못했다. 약과와 같은 전통 간식류도 제대로 알고 소비하는 것이 아니다. 이미 존재했던 제품이나 패션 코드인데도 경험해 보지 못했으니 새롭게 다가온다. 알파세대는 새로운 경험이라고 느끼면 SNS에 쉽게 공유한다. 그래서 새롭게 다가온 레트로코드와 전통 간식은 다양한 콘텐츠를 통해 SNS에 공유되었고, 하나의 트렌드로 소비를 이끌어냈다.

새로움을 느낀다는 사실은 여러모로 소비에 영향을 준다. 실제로 필름카메라, 캠코더 등 레트로 카메라는 수요가 꾸준히 늘어나고 있다. 검색량은 매년 20배씩 증가하고, 매출은 매년 100% 이상 올라가고 있다. 디지털 기기가 대중화되면서 레트로 기기의 수요가 많지 않아 오히려 도드라져 보일 수도 있다. 하지만 꾸준한 검색량과 매출 상승에 Z세대가 큰 역할을 하고 있다는 사실에 주목할 필요가 있다.

'인생네컷'과 같은 오프라인 사진 촬영의 열풍도 같은 맥락이다. 알파세대는 태어났을 때부터 디지털 카메라와 스마트폰 카메라를 접해 왔다. 인화한 사진보다는 디지털 기기에 파일로 존재하는 사진에 훨씬 더 친숙하다. 이런 그들이 오프라인 공간에서 친구들과 사진을 찍으며 즐거운 시간을 보낸다. 결국은 새로운 경험이라는 것이다.

알파세대는 디지털 파일이 아닌 인화된 사진을 실물로 소장하는 것 자체를 새로워한다. 사실 기성세대는 아날로그 방식으로 사진을 찍는 것이 그리 새롭지 않다. 하지만 경험해 보지 못한 알파세대에게는 무척 새로울 것이다. 레트로 카메라의 매출 증가와 아날로그 사진 찍기 모두 새로움에 기대고 있다는 사실을 기억해야 한다.

아니, 아직도 이걸 써요? (출처 : 에이블리)

새로운 해석을 더하면,
새로운 경험이 보인다 ━━━━━━━◇

사회적 환경, 그리고 경험해 보지 못한 것들을 새롭게 여기는 알파세대의 성향이 '약과'의 매출을 이끌었다. 이들은 약과뿐만 아니라 과거의 코드에 열광하며 아낌없이 돈과 시간을 쓴다. 새로움이란 이 세상에 없던 것이 아니다. 이미 존재하고 있는 것이라도 경험해 보지 못한 사람에게는 새로운 것이다. 타깃의 관점으로 다시 해석하면 낡은 것에도 얼마든지 새로움을 더할 수 있다. 알파세대는 무엇을 경험했고, 무엇을 경험해 보지 못했는가? 이 물음에 대한 답을 찾아가다 보면 알파세대의 소비성향을 간파할 수 있을 것이다.

CIA, 알파세대가 열광하는 경험의 3가지 방향

CIA라고 하면 제일 먼저 미국의 중앙정보국이 떠오를 것이다. 하지만 여기에서는 우리가 익히 알고 있는 CIA를 잠깐 내려놓자. 알파세대가 좋아하는 경험의 3가지 측면을 말하기 위해 내가 새롭게 제시하는 개념이다.

알파세대가 마케팅을 바라보는 방식은 생각보다 단순하다. 놀이의 일부이고, 콘텐츠를 소비하며, 경험하는 것을 좋아한다. 이제까지 해보지 못한 새로운 경험이라면 더 좋다. 알파세대가 마케팅을 바라보는 방식은 복잡해 보이지만 생각보다 단순한 요소들이 숨어 있다.

이제부터 우리가 고민해야 할 것은, 어떻게 경험을 기획하고 제공해야 하는가이다. 경험을 줘야 한다는 것과 새로워야 한다는 것은 너무 추상적이다. 그래서 '경험'이라는 단어를 조금 더 상세하게 파고들어 볼 생각이다. 이 과정을 위해 CIA를 기억해야 한다. CIA는 경험을 구성하는 요소인 콘텐츠(Contents), 상호작용(Interaction), 활동(Activity)의 첫 글자이다. 여기에만 집중해도, 알파세대를 위한 경험을 제대로 선보일 수 있다.

'콘텐츠'를 바탕으로 한
새로운 경험의 추구 ———————◇

먼저 콘텐츠(Contents)를 보자. 경험에서 콘텐츠란 하나의 이야기 구조다. 알파세대와 소통하려면 경험에도 철저한 디자인이 필요하다. 경험할 수 있다고 해서 모든 게 해결되지 않는다. 단지 경험으로 끝나버리면 이후에는 아무것도 연결되지 않는다.

예를 들어 새로운 아이스크림이 나왔다고 하자. 아이들에게 아이스크림을 나눠줬다. 맛있게 먹고 나면 무엇이 남는가? 쉽게 대답하기 어려울 것이다. 물론 맛있었다면 SNS에 업로드할 수도 있다. 하지만 연결 지점이 없다. 계속해서 아이스크림을 제공하는 게 아니라면 말이다. 여기에는 콘텐츠, 즉 이야기가 없다. 반복해서 경험할 수 있는 요소 또는 반복적으로 접근할 만한 부분이 전혀 없다. 그러니 단편적인 경험으로 끝나버리는 것이다.

유튜브에는 수많은 부캐가 존재한다. 한 사람이 여러 캐릭터를 구사하는 경우도 많다. 알파세대와 Z세대는 이를 보며 흥미로운 경험으로 여기고 관련 콘텐츠에 열광한다. 그런데 단지 흥미로운 경험이기에 열광하는 걸까? 콘텐츠가 존재하기 때문에 열광하는 것이다. 부캐는 대부분 치밀한 기획에 따라 모든 행동과 대사를 맞춘다. 철저하게 세계관을 관통하는 캐릭터를 선보이며, 모든 요소가 콘텐츠로 인정받기에 부족함이 없다.

탄탄한 기획과 스토리로 알파세대와 Z세대를 사로잡은 피식대학의 부캐 콘텐츠 (출처 : 피식대학)

부캐들이 형편없는 콘텐츠를 가지고, 단순한 흉내 내기에 그쳤다면 알파세대와 Z세대에게 새로운 경험으로 다가가지 못했을 것이다. 결국 해답은 콘텐츠다. 경험을 중심으로 치밀하게 짜여진 콘텐츠여야 알파세대의 마음을 사로잡을 수 있다. 허술한 구성, 앞뒤조차 맞지 않는 기획, 그리고 단발성으로 치고 빠지는 콘텐츠는 새로운 경험이 될 수 없다.

경험에는 '상호작용'이 존재해야 한다 ──────◇

두 번째는 상호작용(Interaction)이다. 두말할 필요 없이 중요한 요소이다. 평면적인 경험은 결코 알파세대에게 좋은 인상을 주기 어렵다. 오감으로 받아들일 수 있는 경험이 필요하다. 최소한 직접 참여하고 느낄 수 있어야 한다. 가만히 보기만 하는 콘텐츠의 시대는 끝났다. 이런 형태는 이전 세대에서 이미 모든 기능을 상실했다. 따라서 경험을 기획할 때는 반드시 상호작용의 범위를 생각해야 한다.

단편적인 광고도 여전히 유효한 선택이지만, 상호작용을 더한 경험은 더 큰 의미를 가진다. 오뚜기는 '쿠킹스쿨'을 운영하고 있다. 일일 요리사가 되어 오뚜기 제품과 다양한 식재료를 접하는 요리 수업이다. 단순히 제품을 먹어보는 것을 넘어 오뚜기 제품으로 요리를 만들어 보는 적극적인 상호작용으로 경험에 의미를 더한다. 실제로 식품업계에서 자주 활용하는 방식이다.

이처럼 적극적인 상호작용이 가능한 부분을 찾아 실행해야 한다. 상호작용을 통해 알파세대는 브랜드와 제품을 매우 적극적으로 인지한다. 그리고 이러한 기억은 당연히 향후 소비에 큰 영향을 미칠 것이다.

적극적인 상호작용과 함께 브랜드와 제품을 인지한다. (출처 : 오뚜기)

경험에 '활동요소'를 더하라 ━━━━━━ ✦

마지막은 활동(Activity)이다. 상호작용과 유사하지만, 조금은 다른 개념이다. 명확한 활동 프로그램이 있어야 한다는 것이다. 활동 프로그램 자체는 상호작용이 없어도 괜찮다. 명확한 콘셉트가 있다면 말이다. 또한 이 부분은 상호작용과는 조금 다르게, 온라인 공간도 함께 생각해 볼 수 있다. 가상공간에 콘셉트가 명확한 경험 프로그램을 만들어 두는 것도 좋은 선택이다. 온라인과 오프라인을 넘나들며 한 번쯤 생각해 볼 만한 요소이다.

알파세대는 흥미로운 활동 프로그램이 있다면 스스로 경험하고 인증샷을 남기는 등 적극적으로 행동한다. 이 과정에서 딱히 상호작용이 없을 수도 있다. 오히려 경험을 준비한 주체보다는, SNS를 통해 타임라인에 존재하는 사람들과 상호작용을 벌일 가능성이 높다.

이런 활동요소 없이 오프라인 공간이나 가상공간을 그저 '잘' 만들어 놓기만 해서는 반응하지 않는다. 특히 가상공간은 현실의 '모델링'에만 치중해 활동요소를 고려하지 못하는 사례가 많다. 이런 경우는 알파세대의 이목을 집중시키기 어렵다.

활동요소는 본질에 치중해도 좋다. KBO는 팝업스토어에서 본질이라 할 수 있는 '야구'를 활동으로 꺼내들었다. 미디어 아트로

활동요소는 본질에 치중해도 나쁘지 않다. (출처 : KBO)

실제 야구장의 그라운드 느낌을 재현한 미디어 룸, 투수와 포수 체험 게임을 할 수 있는 플레이어 존을 구성했다. 아주 색다른 아이디어는 아니지만, 본질에 집중한 활동이다. 덕분에 단순 관람이 아닌 야구를 직접 해볼 수 있다. 알파세대가 좋아하는 경험 측면에서 충분히 좋은 사례이다.

알파세대가 열광하는 경험에는 콘텐츠(Contents), 상호작용(Interaction), 활동(Activity)의 CIA가 들어 있다. 3가지 요소에 집중해 알파세대의 눈길을 사로잡을 수 있는 경험을 제공해 보자.

ALPHA GENERATION

Part
7

알파세대가
'시간'을 바라보는 방식

왜 고객에게 오지 말라고 하는 걸까?

나는 청소년기에 처음 미국 여행을 갔다. 대표적인 관광 코스였던 유니버설 스튜디오에 갔는데, 당시에 '프론트 라인 패스'를 판매하고 있었다. 말 그대로 '맨 앞으로 갈 수 있는' 상품으로, 비용을 좀 더 지불하면 기다리지 않고 놀이기구나 전시관을 체험할 수 있다.

이 상품을 처음 봤을 때 상당히 놀라웠다. 이렇게 많은 사람들이 줄을 서고 있는데 나만 먼저 들어가도 되는지 의문이 들었다. 하지만 짧은 시간에 더 많은 체험을 하기 위해 패스를 구매하는 사람들이 많았다. 나 역시 여행 일정 때문에 패스를 사서 유니버설 스튜디오를 빠르게 구경할 수 있었다.

그런데 지금은 이런 상품이 일반적이다. 특히 알파세대와 Z세대는 돈을 지불하고 시간을 사는 개념에 무척 익숙하다. 비슷한 사례로 일본의 디즈니랜드가 있다. 도쿄 디즈니랜드는 요일에 따라 금액이 다른 탄력요금제, 비용을 더 내고 예약하면 인기 놀이기구를 바로 탈 수 있는 유료 서비스를 시행하고 있다. 그런데 여기에 더해 과거보다 목표 입장객 수까지 줄이고 있다. 놀이공원은 매년 더 많은 사람들이 방문해야 수익성을 높일 수 있을 텐데, 거꾸로 가는 전략을 구사하고 있는 것이다.

하지만 역설적이게도 방문객 수를 줄이자 디즈니랜드에 대한 만족도와 평균 소비액이 더 늘어났다고 한다. 특히 Z세대를 중심으로 디즈니랜드의 변화를 긍정적으로 인식하고 있었다. 부모를 따라 방문한 알파세대도 과거보다 훨씬 더 높은 만족도를 보였다. 도대체 알파세대와 Z세대는 시간을 어떻게 바라보고 있길래 이렇게 거꾸로 가는 전략이 통하는 걸까?

시성비의 시대 ——————◇

일명 '시(時)성비'라는 개념이 있다. 시간 대비 성능을 뜻한다.

가성비가 중심이 되었던 트렌드를 지나, 이제 시성비를 내세우는 트렌드가 왔다. 시성비를 리드하는 것은 역시 알파세대와 Z세대다.

디즈니랜드의 이야기로 다시 돌아가 보자. 유료 예약서비스가 없다면, 방문객은 놀이기구를 타기 위해 하염없이 기다려야 한다. 그만큼 시간이 낭비되는 것이다. 요일에 따라 달라지는 탄력요금제는 해당 요일의 요금이 마음에 들지 않으면 다른 날짜를 선택하면 된다. 좀 더 싼값에 이용하고 싶다면 가장 가격이 낮은 요일에 방문하면 된다. 이렇게 각자의 선택에 따라 인원이 분산되는 것을 기대할 수 있다. 탄력요금제가 없다면, 사람들이 많이 몰리는 요일은 여전히 붐빌 것이다. 그러면 방문객은 또다시 시간낭비를 하게 된다. 인내심도 아마 바닥을 칠 것이다.

그러니 적절한 비용을 지불하는 상품을 도입해 시간을 합리적으로 소비하자는 것이다. 이렇게 하면 시성비, 즉 시간 대비 성능이 높아진다. 비용을 조금 더 지불해도 요금이 비싼 날은 사람들이 덜 올 테니 원하던 놀이기구를 더 많이 탈 수 있어 만족스럽다. 자신의 시간을 충분히 활용한 것이니 말이다. 알파세대와 Z세대는 이러한 방식이 무척 합리적이라고 느낀다.

경제적 여력, 생각에도 '여력'이 있다 ──────◇

이런 사고방식을 이해하기 위해서는 몇 가지 배경을 이해해야 한다. 일단 알파세대는 과거보다 돈이 풍족하다. 가족 구성원이 줄어들면서 용돈이 집중되고, 부모들도 아낌없이 투자한다. 경제적으로 윤택하다는 것은 그만큼 생각할 여지가 많아진다는 뜻이다. 1만 원을 가진 사람과 10만 원을 가진 사람 중에 어느 쪽이 더 많은 상황을 고려하겠는가? 당연히 더 많은 돈을 가지고 있는 사람일 것이다. 알파세대는 경제적 여력이 있으니 다양한 소비 선택지를 돌아보는 것이다.

나의 만족감을 높이는 데 돈을 쓴다 ──────◇

또 한 가지는 반복적으로 지적해 온 '관심사'이다. 알파세대는 자신의 관심사에 과감하게 투자할 준비가 되어 있다. 관심사가 취미나 특정 아이템만 있는 것은 아니다. 알파세대와 Z세대가 각자 시간을 보내고 있을 때, 가장 중요한 관심사는 무엇일까? 당연히 자신이다. 내가 가장 만족스러워야 시간을 투자한 보람이 있다. 그래서 이 만족감을 좀 더 끌어올리기 위해 돈을 쓴다.

이것은 '오픈런'과 전혀 다른 방식이다. 맛있는 것을 먹기 위해, 꼭 갖고 싶은 것을 사기 위해 오픈런을 하며 오랜 시간을 기다리는 것은 관심사의 범주가 다르다. 이 경우에는 관심사가 자신이 아니라, 내가 먹고 싶은 메뉴와 내가 사고 싶은 제품이다. 따라서 관심사를 위해 시간을 투자하는 방향이 애초에 시성비와 다르다.

이 경우에도 시성비는 충분히 존재한다. 내가 원하는 것을 먹거나 원하는 것을 사고 난 후 느끼는 만족감이 기다린 시간보다 크다면 시성비가 있는 것이다.

셀프 CEO를 꿈꾸는 알파세대? ——————◇

사실 시성비는 CEO들의 개념이었다. 유능한 CEO는 자신의 시간을 돈으로 산다. 무능한 CEO는 혼자서 모든 일을 처리하려다 오히려 일을 그르친다. 유능한 CEO는 각 분야의 전문가들에게 업무를 위임하고 시간 대비 더 큰 성과를 거둔다. 이것 또한 시간을 돈으로 사는 개념이다.

그래서 나는 알파세대가 CEO가 되고 싶어 한다고 표현한다. 기업의 CEO를 뜻하는 것이 아니다. 자신의 일상을 스스로 컨트롤하며, 자신의 기준에 따라 결정하는 '셀프 CEO'가 되고 싶어 한다는 것이다. 부모의 간섭에서 벗어나고 싶은 것과 다르다. 사실 모든 세대들이 어릴 때는 부모의 간섭을 싫어한다. 알파세대만의 특성이라고 보긴 어렵다. 대신 과거에는 부모가 결정했던 수많은 것들을 스스로 결정하고자 하는 성향이 강하다고 할 수 있다.

경제적인 여력도 충분히 있고, 책사와 같은 역할을 하는 정보가 뉴미디어 곳곳에 있다. 그러니 더 많은 것들을 직접 판단하고 결정하고 싶은 마음이 강할 수밖에 없다. 시성비도 같은 시선으로 바라보면 된다. 부모가 자신의 시간을 모두 디자인하는 것이 아니라 스스로 시간의 가치를 생각하고 시간을 절약하기 위해 기꺼이 비용을 지불하는 것이다.

냉장고 세탁기 피규어의 출현 ───────◇

알파세대의 시성비는 조금 더 진지하게 받아들일 필요가 있다. 성향과 미래, 그리고 소통과 긴밀하게 연결되기 때문이다. 또한 브랜드와 기업, 기관을 인지하는 데도 좀 더 독자적인 면을 보이므로 많은 관심을 기울여야 한다.

시성비와는 조금 다른 이야기이지만 LG전자의 사례를 보자. LG전자는 알파세대가 선호하는 플레이모빌과 협업해 가전제품

피규어를 선보였다. 알파세대가 직접적인 고객이 아닌데도 말이다. LG전자는 부모님 손에 이끌려 브랜드를 인지하는 것보다 알파세대가 좋아할 만한 수단을 동원해 직접적으로 접근할 수 있는 방식을 택했다. 이 과정은 짧고 직관적일수록 더 좋다. 기다리지 않고 확실하게 브랜드를 인지할 수 있기 때문이다.

알파세대는 자신들이 직접 시간을 관리하기 위해 시성비를 추구한다. 하지만 시성비와 시간관리의 개념이 아주 단순하게 나타나는 것은 아니다. 다음 장에서 다양한 사례들과 함께 더 깊은 의미를 분석해 본다.

•
알파세대의 독자적인 시간관리를 파고들기 위해 그들의 시간을 선점해야 한다. (출처 : LG전자)

1.5배속과 2배속의 시대

유튜브 영상 플레이어에는 옛날 비디오와 똑같은 기능이 있다. '배속' 기능이다. 보통 2배속 이내에서 다양한 옵션을 선택할 수 있다. 기본 속도보다 느린 1배속 이하로 설정할 수도 있다. 하지만 1배속보다 더 느리게 설정하는 사람은 거의 없을 것이다.

알파세대는 1배속, 즉 기본 속도로 영상을 보는 경우가 거의 없다. 보통 조금 더 빠른 속도로 시청한다. 영상 재생시간을 온전히 사용하는 것은 시간낭비라고 본다. 일본에서는 일명 '타이파'라는 신조어가 생겨났다. '타임 퍼포먼스'의 줄임말로 시간낭비를 싫어한다는 뜻이다. 타이파에 가장 친근한 세대가 알파세대이다.

특정 영상을 빠르게 시청하기도 하지만, 아예 콘텐츠 자체를 줄여서 보기도 한다. 유튜브에 흔히 등장하는 '줄여보기'다. 꽤 긴 시간의 영화, 몇 편을 봐야 하는 드라마를 영상 하나로 줄여서 본다. 이런 10~20분짜리 콘텐츠는 시간상 훨씬 경제적이다. 그래서 정말 관심 있는 콘텐츠가 아니면 줄여서 보는 것을 선호한다.

시간을 줄이는 것은
노동을 줄이는 것 ━━━━━━◇

Z세대로 범위를 넓히면 사례가 더 많아진다. 일단 내가 할 수 없는 일들은 전문가에게 맡긴다. 마치 외주시스템을 이용하는 것과 같다. 굳이 시간을 투자해 가며 자신의 전문분야가 아닌 일을 하지 않는다. 이를테면 집을 수리할 일이 생기면 전문가부터 부른다.

밀키트는 또 어떤가? 코로나 때문만이 아니다. 밀키트 시장은 매년 성장세였고, 여전히 고공행진을 계속하고 있다. 밀키트의 시장성을 알아본 유통기업들이 너도나도 뛰어들면서 훨씬 더 많은 라인업을 자랑한다. 여기에 취향 소비까지 반영되어 밀키트는 더 힘을 얻고 있다.

밀키트도 핵심은 시간의 문제다. 재료부터 손질하려면 상당한 시간이 걸린다. 빠르고 간편한 밀키트는 결국 시간의 가치를 내세운 상품이다. 여기에 가사노동을 줄여주는 가전제품은 늘 인기가 좋다. 음식물처리기, 식기세척기 등이 대표적이다.

유통업계도 이 같은 방식을 따라간다. 대형 쇼핑몰들은 고객에게 도착하기까지 걸리는 시간을 단축하기 위해 AI까지 동원한다. 또 과거보다 반품이나 교환을 빠르게 진행하는 프로세스를 마련하고 있다. 기업들의 이런 다양한 행보를 통해 Z세대와 알파세대는 자신들의 시간을 더 많이 확보한다. 알파세대의 경우는 Z세대보다 시간을 확보하는 방식에 훨씬 적극적이다.

그렇다면 이들은 시간을 확보해서 무엇을 하려는 걸까?

효율성의 가치를 아는 세대

일단 효율적인 세대라는 것을 감안해야 한다. 이들은 어차피 아날로그의 느린 세상은 살아보지 않았다. 특히 알파세대는 디지털이 선사한 빠른 속도와 가족 구성원의 축소가 선사한 관심을 누리며 자랐다. 뭐든 빨리 해결하고 딱히 문제가 없다면 자신들이 원하는 것을 얻을 수 있는 환경이었다. 그러니 효율성이 중요하다. 자신이 원하는 답이 나오지 않는 상황에서 쓸데없이 시간을 허비하지 않는다. 더구나 디지털 환경이 선사한 속도를 최대한 누리려고 한다. 이런 마음들이 함께 작용해서 효율성을 극대화하는 방식을 배웠다. 굳이 천천히, 시간을 투자해 가며 소비할 필요가 없다.

자기애가 가져오는 변화 ⎯⎯⎯⎯⎯⎯⎯ ✧

또 다른 하나는 '나'다. 알파세대와 Z세대의 자기애(愛)에서 비롯되었다고 봐야 한다. 시간을 확보해서 어디에 쓰는가? 결국 자신을 위해 쓴다. 사용방식은 각자 다를 수 있다. 어떤 사람은 휴식을, 또 어떤 사람은 자기계발을 할 수도 있다. 시간을 어떻게 사용하는지는 상관없다. 결국 자신을 위한 시간을 더 많이 확보한다는 점에 주목해야 한다.

냉동과일 시장이 계속 성장하고 있다. 껍질을 벗겨야 하거나 먹고 나서 치우는 과정이 불편한 과일들은 매출이 떨어진다는 통계도 있다. 손질해서 얼린 냉동과일은 곧바로 먹을 수 있다. 곧바로 먹기만 하면 되고 치울 필요도 없으니 자신을 위한 시간이 늘어난다. 그러니 냉동과일 시장은 성장하고, 생과일 매출은 떨어진다.

물론 과일 하나에만 국한해서 설명할 수는 없다. 하지만 이런 작은 소비들이 모이면 알파세대와 Z세대의 일상은 자신을 위한

냉동과일 시장이 꾸준히 성장하는 이유도 결국 시간의 문제다.

시간이 더 넘쳐날 것이다. 그러니 작은 현상 하나에도 주목해야 한다.

시간을 사는 아이디어를 제공하는 미디어 ——————◇

마지막 요소는 시간을 확보할 수 있는 수단이 많다는 것이다. 이 부분은 상당히 중요한 역할을 한다. 애초에 시간을 확보할 수단이 없다면 알파세대와 Z세대는 행동하지 않을 것이다. 소비 트렌드는 다양성을 향해 나아가고 있고, 신규시장을 개척하려는 시도와 노력도 많이 이루어지고 있다. 과거와 차원이 다를 정도로 변화된 시장의 모습이 시간에 대한 알파세대와 Z세대의 시각을 바꾸고 있다.

이렇게 생각해 보자. 나는 시간을 더 아끼고 싶고, 적당한 범위 내에서 돈을 지불할 마음도 있다. 하지만 나의 마음을 받아줄 제품과 서비스가 없다면 어떨까? 아무 의미가 없다. 가사노동을 줄여줄 제품과 서비스가 없다면 목적을 달성할 수 없다. 과거 세대가 그랬다. 어느 정도 구매력이 있고 소비할 마음도 있었지만 현실에서 소비할 대상이 없었다.

하지만 소비 트렌드가 바뀌면서 수많은 제품과 서비스가 쏟아졌다. 이제는 의지를 실현할 수 있는 환경이 조성되었다. 그래서 알파세대와 Z세대는 자신들의 의도를 돈으로 살 수 있다. 이 같은 환경의 변화가 시간을 바라보는 방식을 바꾸었다.

알파세대와 Z세대는 자신들을 위한 시간을 더 확보하기 위해 다양한 방법을 고민한다. 시간낭비를 줄이고, 의미 있는 시간소비를 위해 돈을 쓸 마음의 준비가 되어 있다. 그래서 모든 시간이 자신을 위한 행동이나 생각들과 연결되기를 원하며, 이런 마음이 다양한 행동으로 표출되고 실제 소비로 나타나고 있다.

우리가 기억해야 할 것은 결국 '소비에 대한 의지'다. 각자의 관심사에 따라 소비하고, 각자의 구매력을 바탕으로 소비하는 것이 기본이다. 하지만 시간을 확보하기 위해 소비하는 방식을 반드시 염두에 두어야 한다. 알파세대와 Z세대의 지갑을 여는 또 다른 요소이니 말이다. 알파세대와 Z세대는 자신을 위한 시간을 돈으로 산다는 점을 반드시 기억하자.

귀차니즘? 편리함과 시간의 경제성

강연과 책 집필에 필요한 새로운 아이디어가 잘 떠오르지 않을 때가 있다. 가끔은 번아웃처럼 머리가 멍하고 눈만 깜빡거린다. 이때 어김없이 떠오르는 생각이 하나 있다.

"누가 대신 해주면 좋겠다."

하지만 내 강연과 내 책을 쓰는 일은 오직 나만이 할 수 있다. 물론 시간이 조금 흐르면 이런 상황은 자연스럽게 극복되지만, 알파세대는 한 발 빠르게 해결책을 찾는 듯하다.

귀찮음보다 경제성에 주목한다 ──────────◇

귀차니즘이라는 단어를 생각해 보자. 귀찮아서 아무것도 하지 않는 것이다. 그런데 이러한 귀차니즘을 알파세대의 시간 개념과 연결하려는 시도들이 있다. 하지만 애초에 알파세대가 시간을 바라보는 시각은 귀차니즘과 연결하기 어렵다. 귀차니즘은 귀찮아서 안하는 것인 반면, 알파세대는 시간을 확보하기 위해 더 생산적으로 움직인다.

알파세대는 귀찮음이 아니라 극강의 경제적 개념으로 시간을 이해한다. 시성비도 이러한 경제성에서 비롯되었다. 시간 대비 성능이라는 개념 자체가 시간이 돈이라는 생각에서 나온 것이다. 이러한 관점으로 알파세대를 바라보면 더 많은 것을 이해할 수 있다.

알파세대가 숏폼을 좋아할 수밖에 없는 것도 시간의 경제성 때문이다. 놀이로도 충분히 매력적이지만, 시간상으로 아주 경제적인 플랫폼이다. 짧은 시간을 투자해 많은 정보를 얻을 수 있고, 콘텐츠 자체가 짧기 때문에 자신에게 맞는 정보를 걸러내는 시간도 덜 걸린다.

지독한 경제성 추구 ————————◇

'업로드'의 관점에서도 숏폼은 경제적이다. 많은 고민과 복잡한 과정이 필요 없다. 모바일 내에서 촬영과 편집이 끝나니 시간과 노력이 덜 든다. 간단하게 업로드해도 숏폼의 바다에서는 언제나 인기를 얻을 가능성이 크다. 생각지도 못한 결과를 얻는다면, 시간 대비 최강의 효용성이다. 숏폼은 정말 지독하게 경제적인 플랫폼이다. 시간, 비용, 심지어 노력까지 말이다. 그러니 알파세대가 열광할 수밖에 없다.

물론 알파세대만의 일은 아니다. Z세대도 이 사실을 정확히 인지하고 있다. 세상이 발전하면서 관심을 가져야 할 일들이 늘어났다. 게다가 1인 가구가 증가하고 있는 상황에서 직접 해야 할 일들이 더 많아질 수밖에 없다. 단적으로 생각해 봐도 그렇다. 가족 구성원이 많다면 분담했을 일들을 모두 자신이 담당해야 한다. 그래서 노력을 기울여야 하는 일들을 새롭게 인식하게 되었다. 바로 '선택'적으로 하는 것이다. 중요한 일들은 직접 하고, 나머지는 대체할 수 있는 제품과 서비스를 활용해 최대한 자기 시간을 확보한다. 노력을 투입하는 주체를 선택해 최대한의 경제성을 뽑아내는 것이다.

깔끔하게 정리된 '큐레이션'이 답 ——————— ◇

알파세대와 Z세대의 이런 성향을 반영한 것이 큐레이션이다. 큐레이션이란 목적에 따라 정보를 모아서 새롭게 구성하는 것이다. 주제에 따라 제품과 서비스를 정리하면 된다.

다만 큐레이션을 평면적인 개념으로 이해하기보다는 좀 더 적극적인 소통의 도구로 활용하는 지혜가 필요하다. 알파세대와 Z세대에게는 '떠먹여 주는' 노력이 필요하다. 관심사가 부족한 분야는 애초에 관심을 두지 않기 때문에 최대한 세팅된 형태의 정보를 눈앞에 가져다줘야 한다. 최소한의 시간과 노력으로 정보를 얻을 수 있도록 말이다. 이 부분을 마케팅의 핵심으로 생각하고 지속적으로 구현해 나갈 필요가 있다.

예를 들어 A라는 회사가 영화와 연관된 피규어를 수입해 유통하기 시작했다. 단순한 피규어 광고는 마니아층만 관심을 가질 것이다. 일반적인 알파세대와 Z세대를 겨냥하려면 어떻게 해야 할까? 간단하다. 관련된 정보를 모두 정리해 제시하면 된다. 사람들이 피규어에 대해 궁금해할 만한 정보나 제품 관련 사항들을 콘텐츠로 만드는 것이다. 분명 누군가는 검색할 만한 자료들이다. 하지만 해당 영화와 피규어에 관심 없는 알파세대와 Z세대는 검색하지 않을 것이다. 그렇다면 시간을 아껴줄 수 있는 완성된 정보를 제공해야 한다. 여기에 주제가 더해진다면 더욱 좋다. 함께 구매할 만한 피규어, 연관 제품 혹은 활용도를 높일 수 있는 소품 등을 함께 제시한다면 더 의미가 있다. 이것도 누군가는 검색해서 볼 수 있는 자료들이다. 굳이 찾지 않아도 우리가 모든 정보를 알려주겠다는 마음으로 접근하는 것이 알파세대와 Z세대와 소통하는 가장 좋은 방식이다.

사실 우리는 그동안 소비자들의 시간을 아껴줄 수 있는 방식에 대해 고민하지 않았다. 제품과 서비스 홍보에 급급한 나머지 대중들의 편의를 외면했다. 과거 세대들은 이런 현실에 익숙했다. 더구나 아날로그가 선사하는 느림의 미학을 알기에 큰 불만을 제기하지 않았다.

하지만 알파세대와 Z세대는 다르다. 특히 알파세대는 아날로그 세대가 말하는 여유에 공감하지 못한다. 최대한 빠르게 정보와 제품, 서비스를 소비하고 자신을 위한 또 다른 일에 뛰어들어야 한다. 그래서 시간낭비를 불러일으키는 상황은 불만요소가 될 수밖에 없다.

알파세대와 Z세대가 더 많은 시간을 확보할 수 있도록 관련 정보를 모두 정리해 제공하면 콘텐츠를 선점할 수 있다. 따라서 이들의 시간을 더 많이 확보하고, 노력을 줄여줄 수 있는 방식을 고민해야 한다. 그 해답이 마케팅의 중심축이 될 것이다.

유통업계 중에서 특히 편의점은 알파세대를 위한 금융서비스를 연계하려고 무척 애쓰고 있다. 편의점과 인터넷 은행이 함께 만든 알파세대용 적금까지 등장했다. 단순히 적금만 넣는 것이 아니다. 납입 회차에 따라 탄산음료, 컵라면, 바나나우유, 아이스크림 등 알파세대가 선호하는 간식 교환권을 연계하는 방식으로 만족도를 끌어올렸다. 알파세대가 편리함을 선호한다는 것을 간파한 행보이다.

편의점 업계는 알파세대를 위한 금융서비스 연동을 시도하고 있다. (출처 : GS25)

복잡하게 정보를 알아볼 필요도 없고, 가입 절차가 까다로운 것
도 아니다. 이미 사용하던 메신저와 연결되어 있으니 접근성도 탁
월하다. 시간과 노력을 줄여줄 뿐만 아니라 교환권이라는 혜택까
지 준다. 가입하지 않을 이유가 없다. 그야말로 알파세대의 시간
과 노력을 줄여주는 탁월한 방식이다. 이처럼 '경제성'을 강조하
거나, 혹은 경제성으로 뒤따르는 효과들을 알려주는 콘텐츠로 마
케팅을 해보는 것도 충분히 좋은 시도이다.

알파세대의 시간을 확보하라 ──────◇

시간의 경제성을 따지는 알파세대의 생각을 단순히 귀차니즘
으로 본다면, 알파세대를 잘못 이해하고 있는 것이다. 알파세대는
자신이 추구하는 가치에 대해서는 누구보다 적극적이며 능동적
으로 해결방안을 찾는다. 시간을 더 확보하려는 다양한 시도들은
해결책을 마련하기 위한 과정에서 찾아낸 것이다.

알파세대는 아무 의미 없이 행동하지 않는다. 그만큼 자신을 위
해 많은 고민을 기울이고, 이를 실현하기 위해 다양한 정보를 찾
는다. 이처럼 자신을 위한 시간을 적극적으로 확보하려는 알파세
대의 행동을 계속 주목해야 할 것이다.

시간을 사기 위한 소비는 결국 자신을 위한 소비다. 알파세대의 성장과 함께 시간을 확보하는 것이 소비의 '기준'이 될 가능성이 매우 높다. 시간은 돈이다. 시간을 돈으로 사는 알파세대의 소비 행태는 자신을 위한 적극적인 행동과 같다.

알파세대가 시간을 사는 3가지 조건

　알파세대는 경제적 관념이 뛰어나다. 돈의 가치를 잘 알고, 자신을 위해 돈을 쓸 줄도 안다. 게다가 물건을 살 때 미래의 가치를 따지기도 한다. 물론 돈을 활용하는 방식에 대해서는 더 많은 고민과 공부가 필요하겠지만, 돈 자체에 대한 인식은 다른 세대와 차원이 다를 정도이다. 이들은 시간을 더 확보하기 위한 구매도 허투루 하지 않을 것이다. 알파세대는 어떤 점을 고려해서 시간을 구매할까?

시간 구매에 영향을 미치는 요소들 ━━━━━ ◇

알파세대가 시간을 구매하는 조건을 이해하기 위해 먼저 알아두어야 할 것이 있다. 하나는 가치 비교가 쉬운 환경이 조성되어 있어야 한다. 인터넷에는 가치 비교를 위한 정보가 넘쳐난다. 단순 포털 검색을 통해서도 제품이나 서비스의 가격을 알 수 있으며, 각종 중고거래 플랫폼은 '시세' 정보를 제공하기도 한다. 유튜버들은 물건이나 서비스의 가치를 본인만의 관점으로 재해석해 소비 선택을 돕기도 한다. 이처럼 다양한 가치를 객관적으로 알아야 시간을 구매할 수 있다. 예를 들어 어떤 매장을 방문해 한정판 제품을 구매하기로 마음먹었다고 하자. 이 한정판 제품의 가치를 알 수 있다면, 자신이 투자해야 할 시간과 비교해 최종 소비 판단이 가능할 것이다. 하지만 제품의 가치를 전혀 알 수 없다면, 이런 선택은 애초에 하지 않을 가능성이 높다.

또 하나는 부족함을 느끼지 않는 알파세대의 소비 철학이다. 돈이 많고 적음의 문제가 아니다. 돈은 많을 수도 있고 적을 수도 있다. 하지만 돈을 과감하게 쓸 수 있다는 점은 같다. 알파세대는 돈에 대해 아쉬움을 느끼지 못하며 자란 세대다. 각자의 상황에 따라 비용의 크기는 다르게 인식할 수 있겠지만 과거의 세대보다 소비를 결정하기까지 많은 고민을 하지 않는다. 특히 자신의 관심사라면 더욱 그렇다. 알파세대의 소비를 기성세대의 기준으로 바라봐서는 안 된다. 각자 기준이 있기에 돈을 쉽게 쓴다는 편견 대신 과감한 소비로 받아들여야 한다.

그렇다면 가치를 비교할 수 있는 객관적인 환경이 되어 있고, 각자의 소비 철학을 가지고 있다면 어떤 조건들이 충족되었을 때 시간을 줄이기 위한 소비를 하는지 알아보자.

미래의 가치를 고려하는 알파세대 ⸻◇

첫 번째 조건은 '미래'다. 가까운 미래에도 자신이 똑같은 선택을 할지를 고민한다. 그렇지 않다고 생각되면 시간을 사지 않는다. 현재의 시간을 사기 위한 서비스나 제품이 미래에도 똑같은 만족감을 주어야 한다. 바로 이것이 미래의 재선택을 결정하는 중요한 요소다.

알파세대들이 많이 접하는 게임 관련 서비스들을 생각해 보자. 알파세대는 자신이 원하는 게임을 만들거나 서버를 직접 운영하는 등 과거 세대보다 다양한 방식으로 게임을 즐긴다. 그런데 이런 방식으로 게임을 즐기려면 시간을 사야 한다. 게임에 더 집중하기 위해 자신이 만든 게임을 대신 업로드해 줄 서비스가 있어야 한다. 서버 운영도 전문적으로 도와줄 사람이 필요하다. 그래서 주저 없이 외주방식을 활용한다. 큰돈이 오가지는 않지만, 상대가 잘하는 것을 맡기고 비용을 지불한다. 그리고 이 경우 미래에도 해당 게임을 통해 즐거움을 얻을 것이라고 생각한다. 자신이 만들어 놓은 공간에 더 많은 사람들이 방문하게 될 것이고, 당연히 미래에는 가치가 더 커질 것이라 판단한다. 그러니 주저 없이 시간을 구매하는 것이다.

하지만 미래로 갈수록 자신에게 돌아오는 편익이 적다고 판단되면, 알파세대는 더 이상 시간을 사지 않는다. 이것은 Z세대도 유사하다. 일상을 편하게 만들어주는 가전제품들은 미래에도 반복적으로 만족감을 줄 확률이 높다. 변함없이 가사노동을 줄여주니 남는 시간을 다양하게 활용할 수 있다. 그러니 구매를 주저하지 않는다.

미래의 가치 혹은 미래로 갈수록 더 커지는 가치를 내세워 알파세대를 설득할 필요가 있다. 단순히 현재의 편안함만으로는 알파세대의 마음을 얻기 힘들다. 지금 시간을 사는 행위가 미래에도 반복적으로 의미 있는 결과를 가져다줄 것이라는 확신을 줘야 한다.

시간을 사는 방법은 직관적이어야 한다 ─────── ◇

두 번째는 '직관성'이다. 시간을 사는 행위가 복잡하면 애초에 관심을 두지 않는다. 시간을 확보하려는 일에 오히려 시간이 더 많이 드는 것은 아이러니다. 서비스와 제품에 접근하는 과정은 무조건 직관적이어야 한다.

각종 페이 서비스를 생각해 보자. 알파세대는 간편결제와 같은 수단을 다양하게 활용한다. 그런데 간편결제까지 가는 과정이 복잡하다면 어떨까? 그건 아마도 간편결제가 아니라 '불편결제'가

토스뱅크의 알파세대 공략은 처음부터 끝까지 직관적이다. (출처 : 토스뱅크)

될 것이다. 시간을 사기 위한 서비스가 오히려 시간을 잡아먹는다면 애초에 접근조차 하지 않는다.

토스뱅크는 알파세대들의 시간을 많이 확보해 줬다. 토스 앱에서 소비내역 확인이나 결제 알림, 카드 일시정지 등 모든 관리가 쉽게 이뤄진다. 앱 자체도 매우 직관적이어서 복잡한 부분이 없다. 토스를 활용하는 과정이 복잡하다면 알파세대들은 이탈했을 것이다. 서비스를 파악하는 데 더 많은 시간을 투자해야 하니 말이다. 이런 점에서 토스는 소비내역을 쉽게 정리할 수 있는 직관적인 서비스로 알파세대의 마음을 사로잡았다.

신뢰를 구축해야 시간을 산다 ──────◇

세 번째는 '신뢰'다. 여기에서는 뉴미디어에 정보가 존재하느냐를 의미한다. 애초에 알파세대는 브랜드와 적극적인 소통을 원하지도 않고, 그럴 시간도 없다. 그래서 필요한 정보를 최대한 빨리 찾아내려고 애쓰는데, 뉴미디어에 별다른 정보가 없다면 알파세대는 빠르게 선택지에서 빼버린다. 그 정도로 언급되지 않았다는 것은 딱히 좋은 제품이나 서비스가 아니라고 생각하는 것이다. 좋은 제품이나 서비스였다면, 분명 의미 있는 경험을 한 사람들이 콘텐츠를 공유했을 것이라고 확신한다. 이것이 바로 뉴미디어식 신뢰관계 형성이다.

그래서 두 번은 없다. 첫 번째 시도에서 만족할 만한 결과를 보여주지 않으면 두세 번 검색하지 않는다. 이것이 바로 뉴미디어에서 브랜드와 신뢰를 쌓아가는 방식이다. 신뢰가 쌓이면 스스로 뉴미디어에서 경험을 공유한다. 이러한 경험이 모이면 콘텐츠가 되고, 그것이 쌓이면 신뢰가 만들어진다. 이러한 과정이 반복되면 시간을 사는 알파세대가 더욱 늘어난다.

알파세대는 애초부터 유튜브와 가까웠다. 유튜브를 보며 성장한 세대다. 그런데 대부분의 제품과 서비스는 다른 혁신적인 것이 나오면 기존 것에서 이탈해야 정상이다. TV를 보고 성장한 세대들도 새로운 미디어가 나오자 그쪽으로 관심을 돌렸다. 세상을 보는 눈이 달라지기 때문이다. 하지만 알파세대는 여전히 유튜브

애초에 유튜브가 왜 알파세대에게 환영받았을까? 그 이유를 알아야 한다. (출처 : 유튜브)

에 머문다. 왜 그럴까?

물론 유튜브의 방대한 콘텐츠가 큰 역할을 한다. 시간을 사고 싶은 알파세대가 원하는 정보가 항상 있으니 말이다. 알파세대는 시간을 살 수 있는 서비스나 제품을 발견하면 어김없이 유튜브에서 검색한다. 먼저 경험해 본 사람들의 이야기를 참고하기 위해서다. 유튜브를 검색하면 어김없이 정보가 나타난다. 뉴미디어형 신뢰관계를 충실하게 구축하고 있는 것이다. 그러니 알파세대가 이탈할 이유가 없고, 앞으로도 유튜브에 대한 신뢰는 계속될 것이다.

알파세대의 시간을 지배하기 위해 콘텐츠는 필수다. 누군가 내 이야기를 하는 것도 좋고, 내가 직접 내 이야기를 하는 것도 좋다. 중요한 것은 알파세대의 검색을 허무하게 만들지 말라는 것이다. 알파세대의 허무함을 자극한다면, 두 번 다시 선택받을 수 없다. 하지만 알파세대와 신뢰를 구축한다면, 시간을 살 때마다 그 브랜드를 선택할 것이다.

시간이 모여 또 다른 기회를 만든다. 알파세대는 이 과정을 정확히 이해하고 있고, 기존 세대보다 시간 소비에 더 적극적이다. 시간을 우습게 생각하지 말자. 알파세대는 시간을 확보하기 위한 제품과 서비스를 언제든지 소비할 준비가 되어 있다.

공감대를 상징하는 인류, 알파세대

지금까지 알파세대와 Z세대의 특성과 그들이 돈과 마케팅, 놀이와 시간을 어떻게 바라보는지 살펴봤다. 무궁무진한 가능성을 가지고 있는 알파세대와 Z세대에게는 '공감'이 매우 중요하다. 단순한 접근, 주먹구구식 도전보다 철저한 공감으로 심화적 이해를 보여줘야 한다.

알파세대와 Z세대는 그 어느 세대보다 많은 콘텐츠를 접하며 살아가고 있다. 그만큼 기대치도 높고, 그들만의 판단기준도 명확하다. 그렇기에 이들과 대화조차 하지 않고 결과만 기대하는 요행을 바란다는 것은 애초에 잘못된 생각이다. 높은 판단기준에 못미쳐서도 안 된다.

　그래서 '공감대'가 중요하다. 도대체 우리가 무슨 이야기를 하고 싶은 건지, 이 이야기를 어떻게 전해야 할지, 또 어떤 점에서 공감을 얻을 수 있는지를 끊임없이 고민해야 한다. 고민을 통해 나온 이야기들을 차곡차곡 선보이며 쉴 틈 없이 설득해야 한다. 더 이상 과거의 의미 없는 몸짓에 매달려서는 안 된다. 시대의 흐름에 맞게 알파세대와 함께 나아가야 한다는 생각으로 어떤 이야기를 들려줄지 고민해야 한다.

　이 공감대는 다양한 관점에서 생각할 수 있다. 단순히 알파세대를 존중하자는 뜻이 아니다. 존중은 기본이다. 여기에 더해 알파세대의 관심사에서 출발하는 대화가 필요하다. 관심사는 소비의 기준과도 같다. 따라서 이 관심사를 어떻게 다루고 있는지 이해해야 한다. 이런 노력이 알파세대를 감동시킬 것이고, 이들의 마음을 열 것이다.

　나는 알파세대가 공감대를 상징하는 세대라고 말하고 싶다. 이들은 자신의 관심사만큼 타인의 관심사를 존중하며, 공감을 통해 새로운 관계를 형성해 나간다. 대인관계뿐만이 아니다. 기업과 브랜드를 상대로도 이런 방식을 통해 공감하는 지점을 찾아내고, 공감해야 지갑을 연다는 게 핵심이다.

여러분은 타인에게 얼마나 공감해 보았는가? 또 소비를 만들어 내기 위해 공감대를 형성한 경험이 있는가? 스스로에게 질문을 던져보자. 그리고 공감이 기준이 될 시대를 대비하자. 알파세대는 지금 공감을 원하고 있다.

미래 소비 트렌드의 주인공, 잘파세대를 주목하라

알파세대가 온다

초판 1쇄 인쇄 2023년 9월 10일
초판 1쇄 발행 2023년 9월 20일

지은이 노준영
펴낸이 백광옥
펴낸곳 ㈜천그루숲
등 록 2016년 8월 24일 제2016-000049호

주소 (06990) 서울시 동작구 동작대로29길 119
전화 0507-0177-7438 **팩스** 050-4022-0784 **카카오톡** 천그루숲
이메일 ilove784@gmail.com

기획/마케팅 백지수
인쇄 예림인쇄 **제책** 예림바인딩

ISBN 979-11-93000-24-3 (13320) 종이책
ISBN 979-11-93000-25-0 (15320) 전자책